美国罗斯福政府经济外交研究

——以 RTA 法案为中心的考察(1933—1938)

陈 弢 著

上海交通大学出版社
SHANGHAI JIAO TONG UNIVERSITY PRESS

内容提要

本书以互惠贸易协定法案(RTA 法案)为中心,探讨 1933—1938 年间美国罗斯福政府经济外交政策。1934 年颁布的互惠贸易协定法案(RTA 法案)是美国历史上最重要的立法之一,它使美国真正迈向了全球经济体系,它的核心条款如"无条件最惠国待遇"以及"平等待遇"后来发展成了关贸总协定和世贸组织的根本原则。本书将结合国际体系视角和国内政治博弈视角来考察这一时期美国经济外交政策的这一矛盾性,并试图说明其形成原因、影响和具体发展过程。本书的主要特点是利用了大量美国和德国等新近解密的一手档案材料进行研究,并在西方国际关系学和国际政治经济学有关研究的基础上,进一步对美国罗斯福政府时期的对外经济政策,以及其所建立的多边自由国际体系的基本性质进行了深入探讨。本书可供相关专业人士参考。

图书在版编目(CIP)数据

美国罗斯福政府经济外交研究:以 RTA 法案为中心的
考察:1933—1938/陈弢著. —上海:上海交通大学
出版社,2018
ISBN 978 - 7 - 313 - 20286 - 4

Ⅰ.①美… Ⅱ.①陈… Ⅲ.①对外经济关系-研究-
美国-1933—1938 Ⅳ.①F171.25

中国版本图书馆 CIP 数据核字(2018)第 236630 号

美国罗斯福政府经济外交研究
　　——以 RTA 法案为中心的考察(1933—1938)

著　　者:陈　弢
出版发行:上海交通大学出版社　　　　　　　地　　址:上海市番禺路 951 号
邮政编码:200030　　　　　　　　　　　　　电　　话:021 - 64071208
出 版 人:谈　毅
印　　制:当纳利(上海)信息技术有限公司　　经　　销:全国新华书店
开　　本:710 mm×1000 mm　1/16　　　　　印　　张:8.25
字　　数:154 千字
版　　次:2018 年 10 月第 1 版　　　　　　　印　　次:2018 年 10 月第 1 次印刷
书　　号:ISBN 978 - 7 - 313 - 20286 - 4/F
定　　价:68.00 元

目　录

绪　　论

一、选题意义

20世纪三四十年代是世界性大危机的年代。与此同时,这段时期也是美国摆脱以政治孤立,经济扩张为特征的传统外交模式走向政治经济双轨齐下,在全球范围内捍卫美国国家利益的重要转折时期,是美国最终成为世界范围内霸权国家的开端。

然而这个转折却来得非常曲折和漫长。"一战"后,美国错过了行使世界政治经济领导权的大好机会。威尔逊主义国际观与旧大陆的准则格格不入。它追求的是一个以美国为领导者的自由世界体系,企图以集体安全取代传统的均势原则,以自由开放平等的国际经济贸易制度消除一切垄断与特权。它相信这样的制度安排才能实现世界的永久和平。在捍卫原则上,威尔逊对外做出的妥协过多,对内强硬固执、做出的妥协过少,其目标终究没有实现。

30年代的世界政治经济危机给美国以实现这一愿望的机遇,同时又带来了前所未见的挑战。一方面,美国经济虽然在大萧条中受到重创,但是仍然拥有雄厚的经济实力,拥有大量贸易顺差和世界黄金储备的1/3。另一方面,由经济危机滋生的关税壁垒,货币战乃至为了获取资源而重整军备的情况严重威胁到了世界的发展与和平。英国放弃了传统的自由贸易制度,转而实行封闭性的帝国特惠制,对没有与其签订双边贸易协定的国家施行贸易歧视。更严重的挑战来自德国等法西斯国家的战争叫嚣。这些法西斯国家(除日本外)多是"一战"的战败国,《凡尔赛和约》将他们原有的殖民地剥夺殆尽,其经济发展与缺乏原料产地和销售市场的矛盾空前尖锐。经济危机袭来后,这些国家更是受到重创。单以德国为例,1932 年,德国工业生产减少了 40.6%,退回到 19 世纪末的水平。出口额减少了 69.1%。资金短缺,所有银行、交易所全部关闭。在这种情况下,希特勒上台了。政治上,德国大规模地重整军备威胁到了世界和平。经济上,纳粹政府实行国家管制和自给自足政策,为了节约外汇和获取原料还建立了一套双边易货贸易制度,同时还对美国商品实行进口限额,企图在东欧和拉美建立排他性的贸易体系。纳粹政府的经济措施威胁到了美国自由资本主义经济制度,破坏了美国的门户开放原则,而且其把触手伸向拉美还冒犯了门罗主义的传统。

1933 年出任罗斯福政府国务卿的赫尔是坚定的威尔逊国际主义者。他相信自由贸易、机会均等是医治一切国际危机和战争的良方,也是实现永久和平的唯一通路,政治稳定归功于经济的繁荣。在这种信念的指引下,美国政府以 1934 年通过的互惠贸易协定法案(Reciprocal Trade Agreements Act,以下简称 RTA 法案)为基础开展了经济外交活动。在 RTA 法案的基础上,美国与他国进行 RTA 谈判,以最终实现谋和平、缔造霸权,将其他国家纳入到由美国领导的多边自由国际体系中的目标。①

RTA 法案是美国历史上最重要的立法之一,它使美国真正迈向了全球经济体系,它的核心条款如“无条件最惠国待遇”以及“平等待遇”后来发展成了关贸总协定和世贸组织的根本原则。但是,1934 年 6 月 RTA 法案在国会通过后,美国政府与其他国家政府所开展的一系列 RTA 谈判,虽然的确起到了构造美国国际霸权的作用,这一表面的“风光”却是在“国内群狼”的环视下进行的,国内因素对 RTA 法案的制定及 RTA 谈判的开展产生了深刻影响。综合以上两方面考虑,通过对这一时期的以其为基础的美国经济外交的深入研究,既有助于更全面地认识美国霸权的本质及其主导下的世界政治经济秩序的特点,也能更全面地展示美国平衡制约的国内政治体制与其外交政策之间的互动。

二、国内外研究综述

中西方学者对 RTA 问题的研究,由于 RTA 问题本身的复杂性,也由

---

① 有的学者又称其为“国际自由经济体系”(LIEO),见 Eugene Wittkopf, *American Foreign Policy: pattern and process*, Cambridge: Harvard University Press, 2004, p.201.

于学科差异,采取了不同的研究视角和方法论。这些方法、视角各异的研究都为有关 RTA 问题的探索做出了贡献。为了更清楚地区分和归类,本书将这些不同的研究视角主要分为了两类。

1. 国际关系学界有关 RTA 问题的研究

国际关系学界以 RTA 为中心考察罗斯福政府经济外交政策的兴趣与70 年代美国霸权开始走向衰落有很大关系。1971 年美国政府单边宣布停止美元兑换黄金,并对进口商品征收 10% 的短期关税。与此同时,西欧、日本等盟国实力迅速壮大。这一系列事件预示着美国霸权开始走向衰落,美国国内出现了一种空前紧迫的危机感。国际关系理论界开始把越来越多的注意力投向霸权研究领域,一大批研究霸权和国际制度的书籍和文章出版。其势头之猛正如一位研究美国霸权与国际机制的学者所说"近年来,没有问题像美国霸权的衰落那样吸引了如此多国际关系学者的注意。"[①]对 RTA问题的研究正是在国际关系学界对有关霸权及霸权稳定论的相关探讨中逐步展开的。

1973 年,麻省理工学院著名学者金德伯格教授出版了《世界大萧条,1929—1939》(*The World in Depression*,*1929－1939*,Berkely:University of California Press,1973)一书,此书成为日后国际关系领域有关霸权稳定论探讨的起源。金德伯格将国际体系中的主导国家与国际体系的开放性与稳定性联系在一起,体系内主导国家(leader)为世界提供公共产品(public goods)和领导,其兴衰与交替和整个体系的命运休戚与共。金德伯格认为 20 世纪 30年代世界大危机愈演愈烈的根本原因在于"英国无力而美国无意"充当世界经济秩序的领导者。[②] 因此"为了使世界经济保持稳定,应该有且只有一个稳定者(stabilizer)。"[③]

1981 年,罗伯特·吉尔平在《世界政治中的战争与变革》(*War and Change in World Politics*,New York:Cambridge University Press,1981)一书中指出,各国政治经济发展不平衡导致了新兴霸权国家(hegemonic nation)的

① John Ikenberry,"Rethinking the Origins of American Hegemony",*Political Science Quarterly*,Vol.104,No.3,Autumn,1989,p.375.
② Charles Kindleberger,*The World in Depression*,*1929－1939*,Berkely:University of California Press,1973,p.292.
③ Charles Kindleberger,*The World in Depression*,*1929－1939*,p.305.

出现和旧霸权国的衰退,其根本原因在于既有体系内现存统治方式与该体系内权力的重新分配之间的断裂。他认为,霸权国的地位只有建立在遵守共同的国际规则上,即既制约他国,同时又为他国提供好处的基础上才能维持。新生霸权国家凭借其强大实力,独自主导了新的国际规则和机制的构建,"(新霸权国家的兴起)不但解决了将由哪个国家来管理世界的问题,也带来了主导的意识形态和价值观,由此开启了一个成功时代的先声。"①英美创立的自由国际经济秩序"在给它们自己带来好处的同时,也使那些期望并能够利用国际政治经济现状的国家得到好处。"②这两点是英美构建的世界霸权体系能够维持的重要原因。这为后来对 RTA 及其重要特点建立在双边互惠上的国际霸权机制探讨立下了重要的理论基础。吉尔平还认为,美国之所以未能在从"一战"结束至"二战"间的 20 年内成为世界霸权国家,原因在于美国尚缺乏足够的经济资源取代英国。

作为"霸权稳定论"这一概念正式提出者的著名国际关系学者基欧汉在其 1984 年出版的《霸权之后》一书中虽然也强调了物质资源优势对霸权国家形成的重要性。即,霸权国家至少具备四大物质要素,即:必须能够自由使用关键的原料,控制主要的资本来源,维持庞大的进口市场以及在高附加值商品的生产上拥有比较优势。③ 然而,基欧汉认为仅仅具备以上四大要素并不能保证成为霸权国家,而是在于"它愿意这么去做。"④因此,霸权国的国内特征(如国内政治、政府决策过程)也是并重的。这可以用来解释,从"一战"结束到"二战"爆发的二十年里,美国拒绝承担国际责任的原因正是在于其经济民族主义和政治上的孤立主义。

霸权稳定论者既强调物质资源实力对霸权国家构建霸权的必要性,又强调霸权国家所提供的公共产品对世界和平稳定的重要性。然而,霸权国家构建和提供的究竟是一种什么样的体系和制度创新? 这种制度有何特性? 霸权国家构建体系时所存在的国内博弈,以及其他国家是如何加入或

---

① Robert Gilpin, *War and change in world politics*, New York: Cambridge University Press, 1981, p.203.
② Robert Gilpin, *War and change in world politics*, p.150.
③ 基欧汉著,苏长和等译:《霸权之后:世界政治经济中的合作与纷争》,上海人民出版社 2006 年版,第 32 页。
④ 基欧汉:《霸权之后》,第 33 页。

抵制这个体系的,这一系列问题则是他们疏于考察的地方。①

　　在此值得指出的是,自 20 世纪 80 年代以来,西方国际关系学界对霸权稳定论及国际政治经济学的研究开始了由 70 年代注重体系层次分析到注重对霸权国对外经济政策分析考察继而迈向强调国内政治分析的转向。② 这一在方法论上的重大变化对 RTA 问题研究产生了非常大的影响。从后来的研究可以看出,正是转入对国内政治博弈的分析才真正解答了 RTA 的重要特点。因此可以说,这一转变堪称国际关系学术界对 RTA 进行正式研究的开端。

　　1934 年通过的 RTA 法案是使得美国霸权得以出现和维持的重大制度创新。近现代以来,自由贸易的领导者和推动者往往发展成了霸权国家。霸权兴衰长周期理论集大成者莫德尔斯基(George Modelski)1987 年出版的《世界政治中的长波》(*Long Cycles in World Politics*, London: Macmillan Press,1987)一书通过对五百年来世界政治演变的考察,认为真正成功和持久的世界领袖所具备的最重要因素是开放与稳定的国内政治环境,即"一种齐心协力的、协调的社会机制"。③ 要成为世界领导者,除了具备一定量的经济规模之外,还取决于其制度创新(Innovation)方面有质的突破,形成一种"量与质的特殊结合"④。这种创新是霸权国家在其国内开放稳定的基础上去构建世界霸权体系,"提出具体的体系模型并确定国际经济秩序的基本规则。"⑤

　　美国人对美国战后构建的多边自由国际制度霸权的利弊普遍具有一种矛盾性的心理认识。一方面,30 年代贸易战和经济政治大危机的惨痛经历使得美国人深知建立在多边自由制度上的世界体系对美国及世界和平稳定

① 基欧汉自己也在由普林斯顿大学出版社 2005 年再版的《霸权之后》新书序言中承认,该书最大的不足是未能把国内政治纳入分析视野。详见钟飞腾:《霸权稳定论与国际政治经济学研究》,《世界经济与政治》,2010 年第 4 期。
② 国内在这方面的代表性论述有钟飞腾:《霸权稳定论与国际政治经济学研究》,《世界经济与政治》,2010 年第 4 期;曲博:《国际经济合作的国内制度分析》,《世界经济与政治》,2007 年第 1 期;曲博:《国际力量、国内政治与对外经济政策选择》,《教学与研究》,2007 年第 1 期;王正毅:《超越"吉尔平式"的国际政治经济学——90 年代以来 IPE 及其在中国的发展》,《国际政治研究》,2006 年第 2 期。
③ *George* Modelski, *Long Cycles in World Politics*, London: Macmillan Press,1987,p.232.
④ Modelski, *Long Cycles in World Politics*, p.223.
⑤ Ibid, p.224.

的重要性,过度讲求双边互惠与报复的政策恐怕会损害这一体系,并形成一个类似30年代国际形势的"循环相报的怪圈。"①另一方面,对多边自由国际制度下的搭车现象和体系内竞争日益激烈的疑惧("自由体系最大的矛盾之处在于它发展而不是利用了潜在的竞逐世界领导者"②),以及同样部分源于30年代的失败经验——绥靖所导致的对体系中不规范行为的抵制("容忍犯罪等于鼓励它"③),又使得70年代以后的美国人对其构建的国际制度深为不满。对于处于一片衰落呼声中的美国人而言,"是否还要继续维持一个自由的国际秩序成为中央决策者必须思考的核心问题"。④

正是在这种背景下,美国学者们逐渐开始发现美国构建的多边自由国际制度本身也存在着重大的矛盾,"美国为战后经济秩序制定的新蓝图包含了一些明显互相冲突的原则。"⑤这种矛盾,主要体现在多边自由原则与双边互惠的冲突上。而且,细心的学者发现这种矛盾并不是一种新现象,而是可以追溯到美国构建这一制度的初期,即20世纪30年代罗斯福政府时期。那正是美国国内的几大势力,民族主义、孤立主义与国际主义,单边主义与多边主义(鲁杰将其统归于单边主义与多边主义之间的斗争⑥)相互之间为了自己的原则争斗不已的年代。他们发现,美国构建的霸权规则是国内争斗后达成的一种"深嵌自由主义的妥协。"⑦于是,很多国关学者开始将目光投回了那个年代和RTA法案的起始之时。

1986年,马里兰大学的戴斯勒(Destler)教授出版了其名著《美国贸易政治》。该书以由内及外的单元层次视角对美国对外贸易政策进行了深入研究,尤为重要的是,他在书中提出了"1934年体制(the 1934 system)"这一概念,强调美国对外贸易政策的变化关键在于其国内政治因素的影响,并指

---

① Carolyn Rhodes, *Reciprocity, U.S. Trade Policy, and the GATT Regime*, Ithaca: Cornell University Press, 1993, p.x.

② David Lake &, Jerry Frieden, *International Political Economy: Perspectives on Global Power and Wealth*, London: St. Martin's Press, 2003, p.136.

③ Rhodes, *Reciprocity, U.S. Trade Policy, and the GATT Regime*, p.ix.

④ 钟飞腾:《霸权稳定论与国际政治经济学研究》,《世界经济与政治》,2010年第4期。

⑤ Rhodes, *Reciprocity, U.S. Trade Policy, and the GATT Regime*, p.70.

⑥ John Ruggie, *Winning the Peace, America and World Order in the New Era*, New York: Columbia University Press, 1996, pp.4 - 5.

⑦ John Ruggie, "*International regimes, transactions, and change: Embedded Liberalism in the post-war world order*", in Stephen Krasner, ed, *International Regimes*, Ithaca: Cornell University Press, 1983, p.209.

出正是以 RTA 法案的通过为代表的"1934 年体制"解决了美国国会长期以来围绕贸易问题的政治失衡,不但"开放了美国的市场,促进了美国的战后繁荣,也成了美国在全球经济中领先地位的支柱。"还在此基础上"建立起一个比较开放的国际贸易体系。"①

康奈尔大学的国际政治经济学教授大卫·雷克(David Lake)则联系国际经济体系与美国对外经济政策的关系进行思考,在其 1988 年出版的《权力,保护与自由贸易》(Power, Protection, and Free Trade, Ithaca: Cornell University Press, 1988)一书中,雷克认为 1934 年通过的 RTA 法案是美国对外贸易政策发生转变的重要象征,标志着美国开始领导和重树国际自由贸易体系。

1988 年冬季,由基欧汉和约瑟夫·奈任编辑的杂志《国际组织》(International Organization)专门推出了一期特刊,以研究对战后美国在全球推行多边自由主义经济霸权起着重大作用的"1934 体制"。美国国际关系研究领域众多学者如哈加德(Stephan Haggard)、莱克(David Lake)、伊肯伯里(John Ikenberry)等人提供了他们对这一问题的最新研究成果。② 他们主要通过由内及外的单元研究视角,对 1934 年互惠贸易法案的制定及其与美国国内政治文化、政党政治、意识形态以及行政部门内部的博弈进行了全方位的论述。其论述大大推动了对战前罗斯福政府经济外交政策研究的深度和广度。

建立在 RTA 基础上的美国国际经济贸易霸权是一种多边自由主义的国际制度霸权。哈佛大学肯尼迪政府研究院教授约翰·鲁杰 1993 年主编出版的《多边主义》(Multilateralism matters: The Theory and Praxis of

---

① 戴斯勒著,王恩冕等译:《美国贸易政治》,中国市场出版社 2006 年版,第 6 页。
② David Lake, *"The State and American Trade Policy in Pre-hegemonic era"*, pp. 33 - 58; Jeff Frieden, *"Sectoral Conflict and Foreign Economic Policy, 1914 - 1940"*, pp. 59 - 90; Stephan Haggard, *"The Institutional Foudations of Hegemony: Explaining the Reciprocal Trade Agreements Act of 1934"*, pp. 91 - 119; Michael Mastanduno, *"Trade as a strategic Weapon: American and Alliance Export Control Policy in the early post-war period"*, pp. 121 - 150; Judith Goldstein, *"Ideas, Institutions and American Trade Policy"*, pp. 179 - 217; John Ikenberry, *"Conclusion, An Institutional Approach to American Foreign Economic Poilicy"*, pp. 219 - 243.

an international form，New York，1993）一书①是西方学界第一部对多边主义进行专门研究的理论性著作，将"多边主义"发展为一个实质上的分析概念。鲁杰认为，所谓多边主义国际制度，即是指"在普遍的行动原则上协调三个或者更多国家之间关系的制度形式"②。它具有不可分割性、普遍行为准则和扩散的互惠性等三大基本特征。他认为，"对美国战后世界秩序设计者来说，他们把多边主义作为根本的建设规则，来重建战后世界。"③多边主义国际制度是美国霸权的核心特征。鲁杰在其另外一部重要著作中指出，美国构建的多边主义国际制度在经济领域以门户开放和无歧视待遇反对双边易货贸易，在政治上以民族自决反对殖民主义，并强调人权高于主权的宝贵性④。同时，鲁杰也认识到，美国构建的国际制度由于 30 年代国际政治经济背景及美国国内政治特点带有深刻的美国烙印和不平等。因此，他在 1982 年发表的一篇文章中指出这并不是正统自由主义（orthodox liberalism），而是一种"深嵌式的自由主义（embedded liberalism）"⑤。

在西方学界风潮的指引下，我国国际关系理论界在结合中美在经济贸易交往过程中所遇到的问题后，开始越来越重视对"1934 年体制"的研究，并顺带涉及了战前罗斯福政府构建的战后国际制度的一些问题。自 20 世纪 90 年代末起，出现了一批专门研究美国对外贸易政策及其制定程序的高水平学术论文⑥，并且得出了与美国学者大致相同的结论。他们都学习和认可了美国学者由内及外的研究视角和方法，也注意到了"1934 年体制"及其

---

① 该书目前已有中文版，见约翰·鲁杰主编，苏长和等译：《多边主义》，浙江人民出版社 2003 年版。
② 鲁杰，《多边主义》，第 12 页。
③ 鲁杰，《多边主义》，第 28 页。
④ John Ruggie，*Winning the peace，America and world order in the new era*，p.22.
⑤ John Ruggie，*"International regimes，transactions，and change: Embedded Liberalism in the post-war world order"*，in Stephen Krasner ed，*International Regimes*，pp.195 - 231.
⑥ 主要有盛斌：《世界经济转变中的美国对外贸易政策》，《美国研究》，1998 年第 3 期；韦江：《美国关税政策回顾》，《国际贸易问题》，1999 年第 1 期；金灿荣：《国会与美国贸易政策的制定——历史与现实的考察》，《美国研究》，2000 年第 2 期；戴军：《自由贸易理论对美国外贸政策的影响及简评》，《求索》，2001 年第 3 期；邓峰：《论美国关税法的演变》，《东北亚论坛》，2005 年第 1 期；曲博：《国际经济合作的国内制度分析》，《世界经济与政治》，2007 年第 1 期；徐泉：《美国外贸政策决策机制的变革——美国 1934 年互惠贸易协定法述评》，《法学家》，2008 年第 1 期；陈利强：《试论 GATT/WTO 协定之私人执行——一个美国法的视角》，《现代法学》，2008 年第 4 期；杜鹃：《论美国自由贸易霸权机制在国内的建立》，山东大学硕士学位论文，2008 年。

贸易政策所具有的矛盾性,同时也赞成将 1934 年作为美国对外经济贸易政策的一次大转折。相比之下,这些著作和论文较之美国学者的研究有一个突出的特点,那就是在理论创新相对不足的情况下,更具总结性的宏观历史变迁视野。

随着相关研究的不断深入,学者们发现 30 年代的美国既不像金德伯格所说的那样"无意"承担世界领导重任,也非 19 世纪的英国那样主动降低关税以恢复世界经济和贸易,而是通过双边互惠基础上的无条件最惠国待遇原则(事实上当时的限制之多,离"无条件"一词相去甚远)在优先照顾自身的情况下来恢复世界经济。正如莱克(David Lake)所说,"1934 年体制"开创后的美国仍然是个"机会主义者"①,在与他国锱铢必较的争斗中使自己的利益最大化。然而,从国际关系历史发展进程来看,这种建立在双边互惠、多边受益基础上的方法却是当时美国政府要想设计美国领导的世界经济政治秩序所能采取的唯一办法。"1934 年体制"以及 RTA 法案只是美国设计"战后政治和贸易秩序的第一步。"②随后,美国政府根据 1934 年 RTA 法案的核心原则开始在全球范围内一步步地构建多边自由国际制度。这个过程一直持续到战后几大国际制度建立为止(主要有联合国,世界银行,关贸总协定,国际货币基金组织等)。

西方国际关系理论界对罗斯福政府以 RTA 为主的对外经济政策研究取得了巨大的成就,不过也存在着不足。他们主要通过由内及外的单元分析方法论,并重视国内博弈的影响。不过,应对国际局势是此时罗斯福政府推行 RTA 的目的所在,RTA 从构思、协商、出台到实施的每一步,除了国内因素外,也同样深深地受到了国际政治经济背景因素的影响。在罗斯福时期,RTA 成了其争和平、谋霸权的经济外交工具,注重单元分析而忽视体系上的考察显然难以全面认识 RTA 这样的性质。

2. 历史学界有关 RTA 问题的研究

与国际关系理论界不同,西方历史学界对以 RTA 问题为代表的罗斯福

---

① David Lake, *Power, Protection, and Free Trade*, Ithaca: Cornell University Press, 1988, p.215.

② Michael Butler, *Cautious visionary: Cordell Hull and trade reform, 1933 - 1937*, The Kent State University Press, 1988, p.ix.

政府经济外交政策的研究首先是出于对美国外交政策及对"门户开放帝国主义"的批判目的,这尤其以著名的美国威斯康星学派为代表。

传统的美国外交史学者重视对罗斯福政府外交能力技巧的考察,他们大都倾向于将美国的外交政策看成是对外在威胁的反应,认为罗斯福政府"大部分精力都用在国内问题上,在转向对外政策时为时已晚"[①]。因此,自然就忽视了对具有进取性质的罗斯福政府经济外交政策的考察。[②]

1959年,美国威斯康星学派(又称修正派)开创者,威斯康星大学教授威廉·威廉姆斯(William Williams)在其发表的名著《美国外交的悲剧》(*The Tragedy of American Diplomacy*,New York:Dell Pub. Co.,1959)中开创性地指出,美国外交政策的独特之处在于它奉行的是一种无形帝国的战略,以此追求世界其他部分对美国经济门户开放,至此"门户开放帝国主义"一词开始被用来描述美国外交的特性。威廉姆斯认为战前美国外交的主要精神并非孤立主义,作为战后美国霸权规划基础的1934年RTA法案是对其传统贸易扩张政策的"相当笨拙的重复。"[③]威廉姆斯的贡献在于回答了美国国内民主体制下为何仍然存在对外扩张这个长期令人疑惑的问题。

威廉姆斯的学生劳合·加德纳(Lloyd Gardner)1964年出版的《新政外交的经济层面》(*Economic Aspects of New Deal Diplomacy*,Madison:The University of Wisconsin Press,1964)一书是迄今为止对罗斯福政府经济外交政策研究最经典,最具代表性的专著之一。加德纳在总结与继承先师观点的基础上,着重分析探讨了罗斯福政府对外经济政策的基本特点和原则及其形成演变过程,部分弥补了他老师重批判而轻于考察具体问题的不足。他承认1934年RTA法案对美国创建新世界秩序的重要性,指出罗斯福政府并不是一味地消极面对30年代世界经济危机导致的政治军事威胁,而是在伦敦经济会议后数月就通过制定新的贸易法案"大幅度地参与了

---

① 阿诺德·奥夫纳著,陈恩民等译:《美国绥靖:美国外交政策与德国,1933—1938》,商务印书馆1987年版,第356页。
② 除了奥夫纳以外,此类著作中影响较大的还有 William Langer & Everett Gleason,*The Challenge to Isolation,1937-1940*,New York,1952.
③ William Williams,*The Tragedy of American Diplomacy*,New York:Dell Pub. Co.,1972,p.169.

世界经济。"①而美国对全世界门户开放的不断追求构成了其参加"二战"的根本动力。

同样身为威廉姆斯学生的普渡大学教授帕特里克·赫德恩(Patrick Hearden)的《罗斯福对抗希特勒》(*Roosevelt Confronts Hitler*，Dekalb：Northern Illinois University Press，1987)一书出版时修正派在美国学界的影响已大不如前。赫德恩通过总结旁人对修正派的批评，充分引用了最新解密的政府文件，详尽地描述了从经济大萧条开始至参战为止，美国对外政策演变的全过程。他的主要学术贡献在于通过引进纳粹德国这一变量，凸显和展示了美国1934年后逐步形成的多边主义世界原则和规范如何影响、吸纳以及遏制体系外的国家，尤其是纳粹德国这样"无法无天"的革命国家的。赫德恩显然受到后修正派的影响，更喜欢将美国构建的多边主义世界霸权机制称为"自由资本主义世界体系"(liberal capitalist world system)。本书也将沿用这一称呼。

威斯康星学派认为美国对外政策的传统是将门户开放原则与国家安全和世界和平紧密相连，孤立主义并不是30年代美国政府对外政策的主要特征。在此基础上，他们进一步批判性地指出，罗斯福政府规划的美国霸权是一种"源于19世纪英国的自由贸易帝国主义的非常规帝国形式"②。然而对于这种霸权机制的具体特征及其与19世纪英国霸权的区别，以及美国霸权构建过程尤其是其与国际大环境的互动关系，这一派的历史学家则很少提到。

修正派史学家在具体问题研究上的不足，很快得到了其他学者研究的补充。

1968年，艾奥瓦大学的理查德·科特曼(Richard Kottman)出版的《互惠协定与北大西洋三角关系，1932—1939》(*Reciprocity and the North Atlantic Triangle*，*1932-1939*，Ithaca：Cornell University Press，1968)一书大量运用当时新解密的罗斯福政府时期美国国务院外交文献，将RTA作为美国政府经济外交的工具进行考察，通过对美英加三国经济谈判的研究

---

① Lloyd Gardner, *Economic Aspects of New Deal Diplomacy*, Madison：The University of Wisconsin Press, p.26.

② William Williams, *The Tragedy of American Diplomacy*, p.173.

分析,展现了这一时期美国为了与英国达成互惠贸易协定,恢复世界贸易,维持世界和平所做的不懈努力。其不足之处在于,作者看似面面俱到的对罗斯福政府以 RTA 来开展经济外交进行分析,却忽视或过于简单地描述了罗斯福政府的内部纷争对外交开展的影响。

美国学者理查德·加德纳(Richard Gardner)的《英镑——美元外交》一书(该书有 1956 年、1969 年和 1980 年分别三个版本,本书主要参考其第三版)是公认的研究三四十年代美国经济外交政策及战后规划的必读之著。其书前几章对罗斯福政府 30 年代的经济外交政策进行了论述。在对当时美国经济外交的特点进行了分析和评判后,加德纳指出赫尔是当时美国政府经济外交政策的总负责人,他的主要目标是"重建多边主义世界贸易体系"[1]。

也有学者专门对赫尔及其国际政治经济观在美国经济外交中的作用进行了考察。美国学者亚瑟·沙茨(Arthur Schatz)教授 1970 年在美国历史月刊上发表的文章《盎格鲁萨克森贸易协定与赫尔对和平的寻求,1936—1938》("The Anglo-Saxon Trade Agreement and Cordell Hull's Search For Peace, 1936 - 1938," *The Journal of American History*, Vol.57, No.1, June.1970, pp.85 - 103)一文详细考察了赫尔以美英 RTA 谈判为基础维持世界和平的外交思想。沙茨指出正是德国等国家的战争威胁加速了英美两国的 RTA 谈判。

英国学者麦克唐纳(Macdonald)在其 1981 年出版的《美国,英国与绥靖,1936—1939》一书中指出罗斯福政府 30 年代的经济外交政策最大的特点是绥靖。不过这种绥靖政策不是单纯对外部威胁的反应,它具有一种全球战略眼光,需求的是一个"对美国贸易开放和稳定的世界"[2],这项政策建立在使英国及德国向其开放门户的基础上,反映了赫尔等人的国际政治经济观。麦克唐纳的主要贡献在于,他比较分析了与英国争霸权、与德国造和平在美国经济外交战略中的关系。

1996 年,牛津大学学者克拉文(Clavin)出版了其成名著《经济外交的失

---

[1] Richard Gardner, *Sterling-dollar diplomacy: the origins and prospects of our international economic order*, New York: Columbia University Press,1980, p.13.

[2] 麦克唐纳著,何抗生等译:《美国、英国与绥靖》,中国对外翻译出版公司 1987 年版,第 16 页。

败：1931—1936 年的英国，德国，法国与美国》(*The Failure of Economic Diplomacy*：Britain，Germany，France and the USA，1931 - 1936，London：Palgrave Macmillan，1996)，该书是一部论述 30 年代深受经济危机影响的四个大国经济外交成败的杰作。全书主要围绕 1933 年伦敦经济会议进行了详细研究，揭示出正是由于英法美三国经济利益难以协调导致了经济复苏和对德国经济外交的失败，并最终导致了战争的爆发。

截至目前，我国历史学者对罗斯福政府 30 年代以 RTA 为主进行的经济外交政策的专题研究尚处于起步阶段。与对罗斯福政府外交政策的其他方面研究而言，对 RTA 的研究在论文及著作的数量都不多。

暨南大学的张振江教授 2006 年出版的博士论文《从英镑到美元：国际经济霸权的转移》是国内第一部以美英 RTA 谈判为主要研究视角来考察三四十年代美国经济外交政策的学术论著，堪称国内对此方面问题研究的奠基之著。该书运用翔实的第一手资料，通过对英美谈判过程的深入论述分析反映了美国构建世界经济霸权的不懈努力。[1] 张著的不足之处在于，第一，主要论述了赫尔等人在与英国 RTA 谈判中遇到的种种困难，却对赫尔及 RTA 在国内所遭受的困难和反对着墨不多。[2] 由于忽视了对美国国内政治的考察，张著在解释赫尔与英国谈判中的态度变化时多少显得有些片面。第二，过度描述了赫尔的能力和成就，忽视了对赫尔本身性格缺陷及其政策的基本矛盾的考察。

安徽师范大学的周军 2003 年发表在《安徽师范大学学报》上的《略论 1938 年美英互惠贸易协定》一文中对 1938 年美英互惠贸易协定的酝酿和协商过程进行了分析，指出该协定的提出和缔结主要体现了美英两国对国际形势的估量，以及借此协定平息对世界政治和经济稳定的威胁，防止战争的愿望。[3] 不过，该文由于篇幅有限，并未系统地考察两国谈判的背景及 RTA 的性质。同样，对于美国与英国进行 RTA 谈判时的美国国内因素，该文也未细谈。

---

[1]　张振江著：《从英镑到美元：国际经济霸权的转移，1933—1945》，人民出版社 2006 年版。
[2]　张振江教授在与笔者的交流中也承认，该书的不足之处之一就在于对美国国内政治博弈及其对 RTA 的影响研究得不够。
[3]　周军：《略论 1938 年美英互惠贸易协定》，《安徽师范大学学报》(人文社会科学版)，2003 年第 6 期。

2006 年,首都师范大学硕士研究生徐轶杰的《赫尔与 1934 年互惠贸易法案》毕业论文(未出版)专门对赫尔与 RTA 法案的关系进行了探讨。① 该文的主要篇幅都用于考察 RTA 的出台过程及赫尔等人的国际政治经济思想,着重探讨了赫尔与 RTA 的关系,指出赫尔的政策具有进步性的同时却难逃时代的羁绊。

除了以上著述外,国内学者还有一些研究成果,虽然并不是专门对 RTA 问题进行的考察,但由于其与本书论述的问题具有一些相关性,笔者在此对其中一些论著所提出的重要观点进行些许探讨。

博士毕业于南京大学的王在帮教授 1994 年出版的《霸权稳定论批判——布雷顿森林体系的历史考察》一书是国内较早通过历史研究的方法对美国构建并维持世界霸权过程进行系统深入考察的著作。该书兼具理论分析及历史叙述,王从马克思主义唯物辩证法的原则出发,指出国际政治关系与国际经济关系动态交换作用是美国霸权构建和西方民主国家由分立走向合作的根本动力。② 外部政治强制力的缺乏是 30 年代各国关税战、货币战的重要原因,而美国最终在国际经济领域与他国的合作则是德国等法西斯国家战争威胁导致的结果。

苏州大学金卫星教授的《美国对德绥靖的"韦尔斯计划"》一文认为希特勒德国的崛起挑战了美国在欧洲的经济优势地位,美国出于操纵世界事务的意图,通过满足德国对原料和市场的需求,并将其纳入世界经济轨道,实行了对德绥靖的韦尔斯计划。美英不和是该计划失败的根本原因。③

康奈尔大学终身教授、著名国际关系史学者陈兼先生曾撰文指出,正处于企图问津世界霸权的扩张势头上的美国在 1938 年提出的和平提议是一个包含进取因素与绥靖色彩的两重性计划。④ 因此,不能简单把英美两国的绥靖一概而论。不过,陈文并未提及英美在这一问题上的根本分歧主要在哪里。相关的历史事实证明,对德绥靖中美国对英国霸权的侵蚀不仅表现

---

① 徐轶杰:《赫尔与 1934 年互惠贸易法案》,首都师范大学硕士学位论文,2006 年。
② 王在帮:《霸权稳定论批判——布雷顿森林体系的历史考察》,时事出版社 1994 年版。第 12 页。
③ 金卫星:《美国对德绥靖的"韦尔斯计划"》,《历史研究》,1995 年第 4 期。
④ 陈兼、倪培华:《1938 年罗斯福的"和平倡议"与英国内阁危机》,《世界历史》,1985 年第 7 期,第 41 页。

在争夺绥靖的领导权,更表现在双方在具体经济问题的争斗上。

　　这类研究有个共同点,即主要由于缺乏对这一时期美国政府经济外交政策的考察,普遍重视罗斯福而忽视赫尔在美国政府外交中的影响作用。例如王玮教授与戴超武教授合著的《美国外交思想史》一书指出:"实际上,20世纪30年代至40年代上半期的美国外交,可以看作是罗斯福一个人的外交。"[①]另外,该书将罗斯福政府的绥靖政策比作"软骨症",总是以"妥协换取一种虚幻的满足感","经常采取一些后退式姿态"。[②]然而,由于没有考察罗斯福政府的经济外交政策,就难以对这一"软骨症"及其产生的原因有全面的认识。

　　本书认为,1934年的互惠贸易法案同时体现了美国政府增加出口以及构建多边自由世界制度的综合考虑。美国政府(尤其是赫尔等国务院领导)在30年代末期一直期望以法案的基本原则为基础,以双边互惠、多边受益的方法消除国际危机,改变德国等轴心国家在国际舞台上的"革命性"姿态,并最终将其纳入正在构建中的多边自由国际制度里(威斯康星学派也认同这一点)。从这个意义上说,美国对德政策中看似被动的"绥靖"姿态,根本上是以基于理性原则的利益交换来引导德国逐步走出革命性的纳粹意识形态。

　　3. 相关概念说明

　　经济外交分为以经济利益为目的的外交,以及以经济力量为手段或依托的外交等两类。其中,中国和西方对于经济外交这一概念有着不同的认识。西方学者的视角较为传统,他们认为外交的政治属性和经济属性不能分离。大不列颠百科全书就把各种外交手段例如战争、联盟和国际贸易等都看成是对外政策的工具。此外,他们的研究多集中于经济外交的一些具体问题,很少对这一名词的概念进行探讨。

　　在中国国内,经济外交这一新概念的提出主要是为了纠正片面强调外交政治属性的偏颇,以强调经济外交本身的特性。正如社科院的金熙德教授所说,"从狭义上说,所谓经济外交就是以实现各种经济利益为目的,借助

---

① 　王玮、戴超武著:《美国外交思想史》,人民出版社2007年版,第313页。
② 　王玮、戴超武著:《美国外交思想史》,人民出版社2007年版,第351页。

经济手段来进行的外交活动,它是相对于政治外交、军事外交而言的。"①

本书采纳外交学院周永生教授的定义,认为其包括两个方面。第一,它是由国家(国家间的国际组织)或其代表机构与人员以本国经济利益(本组织的经济宗旨或经济利益)为目的,制定和进行的对外交往政策行为;第二,它是由国家(国家间的国际组织)或其代表机构与人员与本国(本组织)经济力量为手段或依托,为实现和维护本国战略目标或追求经济以外的利益,制定和进行的对外交往政策与行为。② 经济外交的范围包括经济援助、经济制裁和经济合作,"不仅包含有关经济的外交行为,也包括有关经济的外交政策"③。

三、研究方法与创新

本书属于国际关系史研究,在借助美国和德国的外交文献和相关人物的日记及回忆录等大量第一手研究资料的基础上,通过历史实证研究方法,用具体的史料去考察和分析 20 世纪 30 年代以 RTA 为主的罗斯福政府经济外交开展历程。但由于国际关系史从本质上属于国际关系研究范畴,以及 RTA 问题本身的复杂性,笔者在分析解读罗斯福经济外交时借助了国际政治经济学的一些经典论断,以便于对这段历史的理解和分析。

从国内外学者对 RTA 问题的研究可以看出,国际关系学界对 RTA 问题的研究的主要缺陷在于注重单元分析而忽视对整个国际体系的考察。而历史学界尤其是威斯康星学派事实上也同样缺乏对美国霸权构建过程尤其是其与国际大环境的互动关系的考察。随着相关档案的解密,历史学者们已开始将美英、美加、美古(巴)、美比(利时)RTA 谈判纳入研究视野。④ 而

---

① 金熙德:《战后日本经济外交的作用及其演变》,《日本学刊》,1995 年第 4 期,第 89—90 页。
② 周永生:《近 50 年"经济外交"概念研究述评》,《杭州师范学院学报》(社会科学版),2006 年第 3 期,第 31 页。
③ 周永生:《近 50 年"经济外交"概念研究述评》,《杭州师范学院学报》(社会科学版),2006 年第 3 期,第 32 页。
④ 有关美英、美加 RTA 谈判的代表作是 Richard Kottman, *Reciprocity and the North Atlantic Triangle*, *1932 - 1939*, Ithaca: Cornell University Press, 1968; Arthur Schatz, "The Anglo-American Trade Agreement and Cordell Hull's Search for Peace, *1936 - 1938*", *The Journal of American History*, Vol.57, No.1, Jun.1970, pp.85 - 103. 以及张振江:《从英镑到美元:国际经济霸权的转移,1933—1945》,人民出版社 2006 年版。美古、美比 RTA 谈判可参见徐轶杰:《赫尔与 1934 年互惠贸易法案》,首都师范大学硕士学位论文,2006 年。

本书在分析归纳前人对美英 RTA 谈判研究,并提出自身看法的同时,还运用了外交档案对美德 RTA 谈判协商进行研究,此尚属首创。

　　本书的创新意义还体现在方法论和论文选题上。首先,与国际关系研究传统注重国家间关系的方法论相比,本书不但通过由外及内的体系视角对美国政府制定政策时的国际环境进行考察,还按照西方国际关系政治经济学的路径,由内及外地对美国政府的决策过程以及国内博弈进行了分析探讨。相比之下,在思考和论述 RTA 相关问题时,笔者更加重视考察国内因素的影响,以及政府在这种因素下的协调应对之策及其效果。在美国的政治构架中,国会在其外交政策的形成与制定过程中扮演着重要角色。而经济外交政策由于直接涉及国内经济民生,一直是国会重点管制的领域。1934 年 6 月 12 日以前,美国政府与其他国家签署的任何经济协定都必须经过国会批准。互惠贸易法案的通过改变了这一传统,赋予美国总统和行政机构更大的权力和自由度以制定和实施对外经济外交政策。通过对美国国内政治博弈的考察,可以更透彻、全面地反映和解释这一时期美国对外经济政策和经济外交政策的制定、实施及发挥作用的全过程。

　　其次,本书是以 RTA 为中心来考察罗斯福政府经济外交政策,不过研究期限并非是 1933 年至 1945 年罗斯福整个总统任期,而是选取了从 1933 年罗斯福政府上台到 1938 年美英 RTA 协定正式签署这一段特殊时期。这是学界前人在选题上很少有过的,也是本书在选题上的创新之处。这段时期之所以特殊正是在于这是"二战"爆发前世界国际关系调整动荡的重要时期,而 RTA 法案很重要的一个目的就是美国政府期望以此维持世界和平,因此对这段时期进行系统研究更能揭示出 RTA 问题的特点。此外,"二战"爆发后,美国以 RTA 为中心进行的经济外交也被各种政治、军事手段所掩盖甚至取代,RTA 不再单独作为一种外交政策而存在。因此作者选取了1939 年"二战"爆发前美国政府开展 RTA 外交这段历史进行研究。

　　第三,本书借助国际史的研究方法,通过对这段时期美国与英德两国的三国政府间的 RTA 谈判进行综合考察与比较,不但能更加丰富对国内政治博弈与 RTA 关系的思考,也使笔者对这段历史所牵涉的诸多人物和现象得出了新的认识。

　　本书拟在前人研究的基础上,通过对原始资料档案的解读与分析,尝试回答下列问题：第一,20 世纪 30 年代经济政治危机并发下的国内外大环境是如何影响了美国政府经济外交政策的制定？其基本性质和矛盾是什么？美国外交政策的主导和执行者罗斯福与赫尔面临这一系列矛盾又是如何应对的？第二,美国政府在 RTA 谈判中是如何协调捍卫美国自身经济利益与促进世界自由贸易以及在此基础上美国对世界的领导(对美国有利的东西,对世界也有利)的矛盾的？这种外交的主要目的即争和平、造霸权之间的关系如何？同样令作者感兴趣的是,这种政策又是如何试图吸纳和转变体系外国家,将其纳入美国领导的多边自由国际制度的？第三,在进行了以上思考后,笔者进一步就 RTA 法案问题涉及的国内博弈及美国政府的应对协调进行探讨。美国政府和利益集团之间的博弈争斗为实现这一外交政策服务是怎样最终融聚成一根绳的(抑或根本不存在这样一股合力,而是一方以压倒性的优势赢得了政策的制定权)？为了实现其全球多边自由贸易规划,美国政府内部是如何运作与协调的？最后,本书会探讨 20 世纪 30 年代 RTA 法案作为经济外交政策的执行对战后美国构建多边自由国际体系的影响。

第一章　罗斯福百日新政期间
对外经济政策

  1933 年对于大萧条中的世界是具有重要转折性意义的一年。3 月 4 日,富兰克林·罗斯福在华盛顿正式宣誓就任第 32 届美国总统。上任之后罗斯福实施新政,对美国国内和世界政治经济形势造成了重大影响。

一、大萧条与美国的保护主义对外经济政策和世界贸易局势

  1929—1933 年的经济大萧条在世界上造成了重大的政治和经济变动,也重创了美国经济。据统计,从 1929 年 10 月纽约证券市场崩溃到 1933 年初,美国国民生产总值由 1929 年的 1 044 亿美元下降到 1933 年的 742 亿美元。美国工人总收入由 530 亿美元下降到 315 亿美元,农业总收入由 119 亿美元降到 53 亿美元。美国进口由 1929 年的 43 亿美元下降到 1932 年的 13 亿美元,出口下滑速度更为明显,由 1929 年的 52 亿美元下降到 1932 年底的 16 亿美元。其中小麦出口价值由 20 年代的 2 亿美元下跌到 1932 年的 500 万美元,而身为汽车大国的美国汽车出口从 1929 年的 5.41 亿美元下跌到 1932 年的 0.47 亿美元。[①]

  严重的经济萧条引起了美国国内经济保护主义的狂潮。1932 年 3 月 24 日,美国国会以 53 票对 31 票通过了美国有史以来征收最高进口关税的斯穆特·霍利关税法案(Smoot-Hawley Tariff Act)。它一共提高了 75 种农产品和 925 种制成品的关税,其中农作物原料的平均税率提高到 48.2％,其他商品的税率提高到 34.30％。[②] 然而,提高关税的做法非但没使美国经

---

① 保罗·肯尼迪著,陈景彪等译:《大国的兴衰》,国际文化出版公司 2005 年版,第 322 页。
② 福克纳著,王锟译:《美国经济史》下卷,商务印书馆 1989 年版,第 368 页。

济得到恢复,还使得整个世界经济形势更加恶化。作为世界上最大的债权国家和贸易出超国家,美国大幅度提高关税的做法严重损害了世界贸易,引起了世界范围内的关税战。同时,作为"一战"后世界的债主和经济复苏的资金提供者的美国停止了美元的大规模输出,沉重打击了以美国为核心的国际支付体系。在经济危机的大潮下,世界各国相继退回到了保守的经济民族主义。1932 年渥太华会议建立了包括英国和加拿大等英联邦成员国在内的帝国特惠区制度,并以此将美国的商品阻挡在了门外。在欧洲大陆,纳粹德国正在大肆建立排他的易货贸易制度。在东亚,日本也通过建立"大东亚共荣圈"对贸易进行保护和管控。1929 年到 1934 年,世界贸易总量下降了 66.1%,美国则下降了 76.5%。[1] 对美国来说,高关税导致的国内物价飞涨使得老百姓难以忍受,出口的猛跌更使得美国经济形势雪上加霜。1933 年美国的失业率高达 25%,国民生产总值仅相当于 1929 年的三分之一。[2]

大萧条时期胡佛的对外经济外交政策以恢复国内经济为重心,他不认为美国经济的恢复取决于对外贸易的回升,而一直相信美国能够自己解决自身问题,"美国能独立于其他国家而大幅度地恢复经济。"[3]虽然胡佛一反战后共和党拒绝参加任何欧洲经济会议的惯例,承诺将参加 1933 年伦敦经济会议,但前提条件依然是关税和战债问题必须排除在会议议程之外。[4] 胡佛在其任期快结束时仍然认为,美国的经济危机源自欧洲,如果斯穆特·霍利关税被减少,那么"杂草就会长满一百个美国城市、一千个县的街头。教堂、医院和学校都会荒芜"[5]。在这种情况下,美国的对外经济政策处于低谷,国际经济合作与世界经济的恢复更是遥遥无期。

二、罗斯福执政初期的对外经济政策

罗斯福是个实用主义政治家,在美国经济稍微好转之前,他对实行国际

[1] Henry Tasca, *The Reciprocal Trade Policy of the United States: A Study in Trade Philosophy*, Philadelphia: University of Philadelphia Press,1938,p.4.

[2] Edward Kaplan, *American Trade Policy,1923-1995*, Connecticut, Praeger, 1996,p.38.

[3] Patrick Hearden, *Roosevelt Confronts Hitler*, p.8.

[4] Ronald Powaski, Toward an Entangling Alliance: American Isolationism,Internationalism,and Europe,1901-1950, Westport: Greenwood Press,1991,p.52.

[5] William Leuchtenburg, *Herbert Hoover*, New York: Times Books,2009,p.141.

主义的对外经济政策持谨慎态度。鉴于国内强大的还债声愿，罗斯福在战债问题上采取了"灵活"的策略，"以便把这些棘手难办的问题从世界舞台上扫除干净"。[①] 在美国公众的强烈呼喊声中，罗斯福要求加强政府对海外投资的监管力度，并大力抨击欧洲国家庞大的军费开支，以此证明欧洲人欠美国的债务是有能力偿还的。[②] 他大肆谴责华尔街银行家对欧洲各国的借贷活动，在其 1932 年 8 月的俄亥俄竞选演说中提到，"以为国务院或联邦政府的其他机构会默许向国际银行家这群人一样对美国公众贩卖外国证券的事情再也不可能了。"[③]然而他却私下对来访的英法客人提起只需偿还本金，免除利息等还债方案，并提议胡佛邀请英法领导人前来华盛顿会晤商谈解决办法。

　　1933 年上台执政的罗斯福政府内部人员的构成是复杂的。在罗斯福执政初期，民主党内部存在着两种势力。一派是以赫尔的国务院及财政部、农业部为代表的主要政府机构。他们相信国际合作和关税减免才能使美国和世界经济得到拯救。另一派则是以总统对外贸易特别顾问皮克（George Peek）、时任罗斯福智囊的哥伦比亚大学法学教授莫利（Raymond Moley）及经济学家塔格威尔（Rexford Tugwell）为代表的新政民族主义者（New Deal nationalists），他们认为政府对国内经济的管控和计划是恢复经济增长和实现充分就业的必要手段。在贸易问题上，新政民族主义者们认为推动经济复苏的国内政策和推动贸易自由化的外贸协定从根本上来说是不能兼容的。[④]

　　人员构成的复杂，也使得总统多次在重要事务上左右摇摆。在关税和贸易问题上，罗斯福起先是支持降低关税的。他执政前，在由其未来的国务卿赫尔起草的总统竞选纲领中就明确指出："我们主张与各国签订互惠贸易协定。"[⑤]1932 年 2 月，作为纽约州长的罗斯福对记者抱怨："关税壁垒阻碍

---

① 罗伯特·达莱克著，伊伟等译：《罗斯福与美国对外政策，1932—1945》上册，商务印书馆 1984 年版，第 39 页。

② 罗伯特·达莱克著，《罗斯福与美国对外政策，1932—1945》上册，第 27 页。

③ Herbert Feis, *The Diplomacy of the Dollar: First Era 1919 - 1932*, Connecticut: Archeon Books, 1965, p.14.

④ Douglas Irwin, *Clashing over Commerce: A History of US Trade Policy*, Chicago: The University of Chicago Press, 2017, pp.418 - 419.

⑤ Cordell Hull, *The Memoirs of Cordell Hull*, New York: Macmillan, 1948, p.352.

了世界贸易,我们得尝试一下是否能找到一些互惠手段来(重新)开启跨国贸易。"在 9 月 24 日的西雅图总统竞选演说中,罗斯福更加清楚地表明了自己对关税问题的态度,"我一再重申支持建立在双方都有利可图的基础上的贸易政策,这将通过对每个国家都有利的谈判而实现。"30 日,他指出,"在目前的世界形势下,通过国际谈判解决危机是最有效的。其中,我们将同意降低一部分关税从而使其他国家也这么做。那样我们的剩余产品就将更多地被国外购买。"罗斯福还初步形成了将自由贸易政策与实现国际和平挂钩的思想。在一次竞选集会上,他提出通过互惠贸易政策最终实现世界和平的方针,"(这种)更有利的贸易制度,作为当前这种每个国家都自私自利不顾他人的贸易制度的替代者,将会给实现世界和平带来希望,也会对裁军的最终实现做出其他政策都不能及的贡献。"①然而,为了获得国内强大的经济民族主义者的支持,他又不断转换面孔,对外表示不打算降低关税,并指出其政府将继续保持美国的工业及农业。

从 11 月竞选胜利到翌年 3 月正式出任美国总统之间的这段日子,罗斯福的对外经济政策显得尤其矛盾和模糊不定。他曾在私底下与来访的英国客人谈及世界经济会议问题时大表热情,并建议会议地址由伦敦移至华盛顿举办,会议日期也提前到 5 月。甚至还提出了以华盛顿作为伦敦会议可能失败后的会议重开之地的可能性。②但是没过多少日子,他却回绝了民主党内一些国际主义人物关于削减战债或是以战债为筹码换取英法等国降低关税的提议。其中的原因,在于刚胜选的罗斯福为了自己的政治前途考虑,不愿得罪此时在赔款和关税问题上正处于民族主义高峰的美国民众和国会。作为其贴身智囊的经济民族主义者莫利和塔格威尔等人多次建议他不要与被指责为经济危机罪魁祸首而被民众唾弃的胡佛政府合作。他们建议,在罗斯福还未正式上台执掌美国的最高大权之前,他不应当做出任何把自己绑在战债这枚炸弹油灯上的尝试。③

在这种情况下,罗斯福在就职演说中表示了国内事务优先的原则,即先

① Henry Tasca, *The Reciprocal Trade Policy of the United States: A Study in Trade Philosophy*, pp.16 - 18.

② Frederick Marks Ⅲ, *Wind over Sand, The Diplomacy of Franklin Roosevelt*, Athens: The University of Georgia Press,1988,p.17.

③ Patrick Hearden, *Roosevelt Confronts Hitler*,p.25.

国内后国外，先遏制住国内急剧恶化的经济局势，再恢复世界贸易，并最终使美国成为世界经济恢复的领导者和规划者。他的就职演说概括了这一时期美国对外经济政策将要采取的基本方针：

　　尽管我们的对外贸易非常重要，但是就时间和必要性来说，比起建立健全的国内经济就稍显次要了。我赞成把这种当务之急摆在首位的实用政策。我将不遗余力地通过重新调整国际经济来恢复世界贸易，不过目前国内的紧急状况可等不到那件事完成后再处理。作为指引恢复国内经济所采用的方法的基本观念不是狭隘的民族主义。我们首要考虑的是，坚持属于美国精神的各个部分的独立性，那就是承认那古老又恒久重要的美国作为先驱者的精神，这就是我们复兴的手段。①

　　但他的就职演说显然是模棱两可的。人们可以从罗斯福的这番话中得出两种不同的意思，即经济民族主义和国际主义。新政府的选人用人政策同样如此。一方面他继续信赖莫利和塔格威尔这样强调美国国内恢复不应受到外界干扰的经济民族主义者，还将莫利安置在国务院助理国务卿的位置上，"负责像外国债务，世界经济会议以及其他总统能干预的外交与内政事务。"②另一方面却又任命了赫尔和威廉·菲利普斯（William Philips）这样坚定的自由贸易国际主义者，他们相信美国之繁荣要依赖于世界经济的恢复。著名史学家施莱辛格（Arthur Schlesinger）称其为一种"竞争式的用人政策"，"如何鉴别谁的方法正确呢？答案是让他们互相竞争。"③罗斯福并不主动干预政府各部门之间的争斗，在不否定单独一种意见的同时，自己成为冲突的裁决者。罗斯福的用人政策反映了新政摸着石头过河的特征。

　　在这样模棱两可的政策指导下，罗斯福政府新政初期的对外经济政策显得非常杂乱。一方面，他按照国内恢复优先的原则，在国会的压力下批准了托马斯修正案，并下令禁止黄金出口，停止国外美元兑换黄金，放弃了可

---

① Edgar Nixon ed., *Franklin Roosevelt and Foreign Affairs*, 1933 - 1937, Vol. I, Massachusetts: Belknap Press of Harvard University Press, 1969, pp.19 - 20.
② Charles Kindleberger, *The World in Depression*, 1929 - 1939, p.200.
③ Arthur Schlesinger, *The Coming of the New Deal*, Boston, 1959, p.536.

以维持世界金融稳定的金本位制度。为了提升国内商品价格和增加出口，美元贬值了 40%，国际汇兑中美元的含金量跌到了以往的 85%。[1] 美元贬值间接提升了进口关税的 69%。[2] 与此同时，他却在 4 月底到 6 月份邀请了多国代表赴华盛顿谈判，指望以此"能够启发各个国家尤其是美国的舆论，从而为国际合作提供前提条件。"[3] 5 月 8 日，《时代周刊》以罗斯福与国外使节们围绕在一个据说具有调解纠纷的魔法能力的黑色沙发上会谈的照片作为封面，其副标题这样写道，"如果 6 月 12 日伦敦经济会议能够取得成功的话，那么这将极大归功于罗斯福总统上周在白宫的皮沙发上和他尊敬客人们的谈话。"[4] 美国内外许多人都有这么一种看法，那就是"一度看上去，美国似乎在那个充满希望的成功事业中充当了领袖的角色"[5]。

美国矛盾的政策让他国不解，各国对美国的合作诚意大表怀疑，甚至认为这是美国想提高它在谈判中的地位。一家英国报纸愤怒地指出："这整桩事是一次蓄意策划的外交讹诈。"[6]

美国在华盛顿与欧洲国家的艰苦会谈也加深了罗斯福对欧洲人的不信任感，甚至担心并怀疑他们联合起来以牺牲美国的利益为代价恢复经济。他对后来的财政部长小摩根索说道："太难受了。我被欧洲人弄得一团糟，欧洲的政治家们真是一群混蛋。"[7] 这为伦敦经济会议的不欢而散埋下了伏笔。

华盛顿会谈中美国非但没有作为领导者成功地唤起国际经济合作的希望，还加剧了美国国内的经济民族主义浪潮。正是在华盛顿会谈期间，罗斯福迫于国内压力采取了一系列与加强国际合作的初衷截然相反的做法。5 月 12 日，即英国签署关税休战协议的那天，罗斯福却批准了支持对农产品进行补贴的 AAA（农业调整法案），这显然与其关税休战的政策，促进国际

---

① 刘绪贻、李存训著：《富兰克林·罗斯福时代 1929—1945》，人民出版社 2002 年版，第 81 页。

② Frederick Marks Ⅲ, *Wind over Sand，The Diplomacy of Franklin Roosevelt*, p.24.

③ James Moore, "Sources of New Deal Economic Policy: The International Dimension", *The Journal of American History*, Vol.61, No.3(Dec., 1974), p.733.

④ Frederick Marks Ⅲ, *Wind over Sand，The Diplomacy of Franklin Roosevelt*, p.16.

⑤ Charles Kindleberger, *The World in Depression，1929 - 1939*, p.207.

⑥ 罗伯特·达莱克著，伊伟等译：《罗斯福与美国对外政策，1932—1945》上册，商务印书馆 1984 年版，第 58 页。

⑦ Patricia Clavin, *The Failure of Economic Diplomacy: Britain，Germany and the United States，1931 -1936*, p.108.

经济合作的意图互相冲突。

　　有美国学者认为,正是由于华盛顿会谈期间,欧洲国家与美国对经济复兴的方法体现出的如此大的不同,使得罗斯福从积极合作的姿态转向了一种更"激进的国际主义",即"居于适度利他的合作原则和彻底无疑的经济民族主义之间的状态"①。

三、赫尔及其国际政治经济观

　　作为罗斯福国际主义信念的重要体现,新任美国国务卿、田纳西州参议员和经济国际主义的虔诚信徒科德尔·赫尔(Cordell Hull)在此后美国一系列经济外交政策制定中占据着重要作用。他是美国构建多边自由世界体系的核心人物,被称为美国自由贸易政策的"总设计师"。②

　　1933 年已年满 62 岁的赫尔是当时美国政坛的老一辈政治家。他 1907年就进入了众议院,1921 年到 1924 年间还曾出任过民主党全国委员会主席一职,其历来提倡贸易自由化原则使他在家乡美国南部和国会的民主党议员中都享有非常高的声誉。这是实用主义者罗斯福选择其担任国务卿的重要考虑因素。

　　赫尔年轻时曾亲自参与和撰写了 1913 年威尔逊政府旨在降低关税的《安德伍德关税法》,这使他开始形成自由贸易信念。赫尔认为,高关税是使美国经济大萧条持续时间长、破坏力大的根本原因。早在 1929 年 1 月他就有一种先知式的警觉,预料到大萧条即将发生,"随着事态的发展,美国将会认识到这些前所未见的剩余产品是它经济的根本问题所在,而我们忽视为这些产品寻求国外市场是国内失业问题的基本原因。"③1930 年,赫尔当选参议员。作为其中为数不多的几个经常研习国外经济政治状况的议员之一,他坚决反对斯穆特·霍利关税法案,指责是国会中"邪恶及自私的势力"使其得以通过。④

　　在赫尔的外交政策思维中,构建世界范围内的多边自由制度始终占据

---

① *James* Moore,"Sources of New Deal Economic Policy: The International Dimension",p.737.
② Edward Kaplan, *American Trade Policy, 1923－1995*,p.43.
③ Lloyd Gardner, *Economic Aspects of New Deal Diplomacy*,p.15.
④ Edward Kaplan,*American Trade Policy, 1923－1995*,p.26.

着最重要的位置。他的多边自由贸易思想是对美国传统贸易思想的继承和发展。该思想包括两个方面,即无歧视待遇和降低关税。与长期实行高关税不同,其首要原则无歧视待遇原则自美国建国开始就为历届政府所推崇。作为一个由清教移民创立的国家,美国人民历来对任何可能导致政府控制工商业的措施感到警觉和不满。因此传统上他们反对政府对外贸的任何管制,主张发挥市场的力量。这是无歧视待遇原则的传统心理基础。正如华盛顿在告别演说中提到,"美国在与其他国家的经济关系中,应该持一种公平和不偏不倚的态度,而不是去寻求特别待遇。"① 虽然美国政府常常言行不一,在贸易政策的实施过程中采用一种有条件而非无条件的最惠国待遇,但是 20 世纪初,随着美国开始成为世界上最大的工业产品出口国之一,其政府更加努力地在世界范围内消除各种不平等的歧视性贸易政策,以为其产品打开市场。无条件最惠国待遇原则开始受到了包括共和党政府在内的各届政府的支持。

在威尔逊任总统时期,美国的外贸政策被赋予了更大的国际政治意义,被用做维持世界均势的政治外交工具。威尔逊 14 点原则的第三点提到,"世界上拥护和平并渴望保持它的国家都应该竭尽所能地消除所有的贸易壁垒,并建立平等待遇的贸易制度"。② 遗憾的是,威尔逊并未建构起理想中的多边自由国际制度。这样的重担落到了赫尔这位美国历史上任期最长的国务卿身上。赫尔的国际政治经济观秉承了威尔逊主义的基本观念。他将经济贸易与世界秩序与和平紧密联系在一起,认为战争是由贸易障碍导致的,只有自由贸易才是"建立友好,信任以及永久和平的基础"③。赫尔认为:"畅通无阻的贸易与和平相伴,高关税、贸易壁垒和不公平的经济竞争则意味着战争。……只要我们能够构建更加自由的国际贸易……我们就有可能获得持久和平。"④

赫尔对自由贸易原则的支持近乎偏执,有时甚至表现出一种近乎宗教情感的呆板,"在他那慈祥温厚的姿态背后,却隐藏着他要在经济国际主义

---

① Richard Gardner, *Sterling-dollar diplomacy*, p.16.
② Ibid, p.17.
③ Patricia Clavin, *The Failure of Economic Diplomacy: Britain, Germany and the United States, 1931−1936*, p.80.
④ Cordell Hull, *The Memoirs of Cordell Hull*, p.81.

上实行报复性福音派教徒的教义。"①对于美国政府任何与自由贸易不相符的政策,哪怕是权宜之计,赫尔都坚决反对。这种固执的"圣徒"性格不但造成他在罗斯福政府内处处树敌,还让行政作风灵活实用的罗斯福感到不适。不过在其担任国务卿一职后,国际和国内的形势使他逐渐感到,威尔逊式理想主义的对外经济贸易观应该有所改变才能适应时代的需要。于是,他转变了原先通过多边国际会议等形式实现自由贸易的主张,开始寻求双边谈判、多边互惠的模式和方法,以最终实现自由贸易。这突出反映在1934年通过的互惠贸易协定法案(RTA法案)中。这也是赫尔对美国构建多边自由国际制度的最大贡献。

　　总结起来,赫尔的国际政治经济原则包括:第一,通过实现自由贸易可以解决国内经济危机。第二,通过互惠的形式来实现自由贸易,在这种多边或者双边谈判中,谈判方可以最大限度地维护本国利益。第三,将自由贸易与世界和平相结合,世界贸易的恢复及自由化的实现可以带来全球稳定与和平,只有这种基于自由贸易上的世界和平才可能是持久的和平。第四,世界性的经济危机为美国提供了一个千载难逢的充当世界领袖的良机,而首先在贸易领域推动和实现这种领导是考虑和决策的重点。在赫尔的指挥领导下,美国国务院成了三四十年代美国对外经济政策的主要制定和执行者。

　　赫尔就职后立即投入了实现其目标的工作中。1933年2月21日,罗斯福正式任命赫尔为其即将成立的新政府的国务卿。27日,赫尔领导成立了具有跨部门性质的国务院互惠贸易委员会(Interdepartmental Reciprocity Committee),负责制定和与外国达成相互削减关税的计划。② 4月底,在赫尔等人的大力推动下,美国政府号召所有来访的国家从即日起到伦敦经济会议结束为止临时性地关税休战,"不要采取任何新的可能给正饱受困扰的国际经济增加更多困难的新措施。"③赫尔本希望借国际关税停战之机,扩大经济国际主义者在国内的影响并进一步谋求已规划多时的新贸易法案在国会通过,不料RTA的正式出台却经历了曲折漫长的过程。

---

① 罗伯特・达莱克著,伊伟等译:《罗斯福与美国对外政策,1932—1945》上册,第47页。
② "Letter From the Secretary of State to the Secretary of Commerce(Roper)", March 6, 1933, FRUS, 1933, Vol. I, p.921.
③ Patricia Clavin, *The Failure of Economic Diplomacy: Britain, Germany and the United States, 1931 - 1936*, p.96.

第二章 1934 年美国对外经济战略的 转变与 RTA 法案的出台

    1933 年,整个西方资本主义对以自由贸易,私人企业等原则为核心的自由资本主义制度产生了深刻怀疑。德国、意大利及日本等国家置自由制度于不顾,选择以极权主义和自给自足来恢复社会经济。一直作为自由贸易制度捍卫者的英国也缩进帝国特惠制度中过日子。而罗斯福新政早期政府对经济的各种管制措施也与传统的自由放任原则相去甚远。美国作为世界上头号经济强国,它的改革和复苏牵动着世界未来的走向。1933 年底,凯恩斯致信罗斯福,"你已经使自己成为各国力求在现存制度范围内运用明智试验以纠正我们社会弊病的人们的信托人。如果你失败,合理的变革会在全世界受到损害,只好让正统观念和革命去互相厮杀出一条路来。"①百日新政后的美国对外经济政策正在经历这样一场试验,互惠贸易协定法案(RTA 法案)作为一种制度创新的出现,就是这一场标志着美国对外经济政策巨大转变的试验措施和结果。

一、RTA 法案的正式出台

    1934 年 6 月 12 日,为了使法案中有关废除偶然性关税②的条例在次日早晨立即生效,罗斯福选在当天夜晚签署了千呼万唤的互惠贸易法案。赫尔欣喜万分地目睹了罗斯福签字一幕,他终于实现了政治生涯开始以来

---

① 威廉·洛克仑堡著,刘绪贻等译:《罗斯福与新政》,第 383 页。
② 偶然性关税条例:美国国会赋予 1922 年和 1930 年分别通过的福德尼·麦克康伯法案和斯穆特·霍利法案一旦国外对美国商品征以高额关税时,美国应当采取关税报复以回应。

一直努力的目标,"总统的每一笔都映照着我内心的喜悦。"[1]作为美国对外经济政策划时代的转变,互惠贸易法案的通过经历了国内和国际上的政治博弈的曲折过程。

1. 背景:经济国际主义者的波谷

1933 年伦敦经济会议是资本主义世界力图通过协商合作解决世界经济危机的一次世界性经济大会,共有 66 个国家的政府代表出席了会议。会议的主题"一是要清除国际贸易的障碍,二是要稳定国际金融形势。"[2]英法等传统经济强国企图借助美国的经济实力,一起恢复世界经济。会前,赫尔已经初步形成了新贸易法案的基本思想,即摆脱国会对贸易法案的控制,要求其授权总统与他国签署降低关税的权力,并以降低本国关税换取他国对美国出口商品的关税减免,开展多边而非双边贸易谈判等。赫尔对在其赴欧期间国会在总统的力促下通过称作 RTA 法案的贸易改革方案如此抱有信心,乃至于当他启程前往伦敦时,随身就携带了一份贸易法案的草案准备向与会各国宣读美国恢复世界经济的新方案。

然而此时罗斯福却并不愿意改革和领导国际经济。在国内,作为罗斯福新政重要政策的农业调整法案(AAA)和国家工业复兴法案(NIRA)正如火如荼地开展着。这两个以国内为中心的法案都包含了会对世界贸易的恢复造成不利影响的措施。国家工业复兴法案规定对包括进口汽油、酒精饮料以及木材产品等实施限额制。[3] 而与关税停战协议同一天通过的农业调整法案则规定政府对出口的农产品加以补贴,规定可以征收同国内加工税相等的农产品进口税,以保证外国生产者不能用低于美国农产品的价格向美国销售本国农产品,并且还提高了棉花的进口关税。

在优先恢复国内经济的政策指导下,罗斯福没有在国会中提出互惠贸易协定法案以支持赫尔在伦敦为降低关税所进行的不懈努力,而且其在战债和货币上毫不妥协的态度更是成了伦敦经济会议终止的导火索。他认为,达成国际协议并不能对美国经济的恢复有多大好处,相反,可能达成的

[1] Cordell Hull, *The Memoirs of Cordell Hull*, p.387.
[2] 金卫星:《1929—1933 年大萧条与伦敦世界经济会议》,《史学集刊》,2003 年第 4 期,第 73 页。
[3] Henry Tasca, *The Reciprocal Trade Policy of the United States: A Study in Trade Philosophy*, p.27.

货币或关税协定都可能危及美国国内经济恢复这一头等大事。因此会议期间,他将经济民族主义者莫利派往伦敦就是为了表明其优先考虑国内复苏的基本精神。7月3日,在致伦敦经济会议的"炸弹电报"(bombshell message)中,罗斯福虽然指出美国对外经济政策的长远目标的确包括"各国货币的永久稳定"和"从目的和手段上恢复世界贸易的重要性",但是,"一个国家的经济民生好坏主要取决于其国内经济状况是否健康而不是它的货币比值的高低"①。这封电报彻底摧毁了如履薄冰的伦敦经济会议达成一致协定的可能性。主办方英国首相麦克唐纳对赫尔表示,"那封电报让他感到一种孤傲和对其他国家问题的漠视。"②7月4日,麦克唐纳提议休会并抱怨道由于一个国家的某种政策,世界经济会议已经不可能继续进行。一时间,罗斯福政府究竟会选择宽大自由的贸易政策还是照搬共和党政府的老路,与他国展开贸易关税战,这种猜疑连同美国政府在战债和货币政策上的态度使世界经济恢复和政治稳定蒙上了一层阴影。

伦敦经济会议的失败严重削弱了世界各国通过多边合作解决经济危机的积极性。其他很多国家都一致将大会失败归罪于罗斯福的"炸弹电报",美国在国际上因此备受指责。德国、苏联、日本和意大利等对世界经济政治格局不满的国家舆论普遍认为会议的失败吹响了"国际经济的丧钟"③。第一次出席如此规模的国际经济会议的纳粹德国代表们则带着几分满意和欣喜离开伦敦。7月28日,一家德国官方报纸宣称,伦敦的故事足以说明德国抛弃国际经济以及类似的乌托邦思想的决定是正确的。④ 与会代表德国纳粹党员克罗格曼(Krogmann)兴奋地告诉希特勒,德国现在可以充分利用西方国家的冲突了,由于在伦敦的失败,"美国目前显然是在到处寻找朋友"。⑤

赫尔对罗斯福的炸弹电报非常不满,7月5日,通过越洋电话,赫尔直

---

① "Telegram from President Roosevelt to the Acting Secretary of State", July 2, 1933, FRUS, 1933, Vol.1, pp.673 - 674.

② Michael Butler, *Cautious visionary: Cordell Hull and trade reform*, 1933 - 1937, Ohio: The Kent State University Press, 1988, p.66.

③ Patricia Clavin, *The Failure of Economic Diplomacy: Britain, Germany and the United States*, 1931 -1936, p.164.

④ Ibid, p.164.

⑤ Ibid, p.167.

截了当地对罗斯福表示:"我简直不能相信这样的政策符合(美国)的长远利益。"为此,他以一种冒犯性的语气向罗斯福询问,在贸易问题上,美国政府是否会在日后做出实际的承诺。[①] 罗斯福的出尔反尔以及莫利在伦敦试图夺权的行径使得素以沉稳著称的赫尔几欲挂冠而去。他对一友人坦言,"除非(国际经济)形势好转,否则自己熬不过今年。"[②]1933年年底,在经历了华盛顿和伦敦两次失望之后,赫尔沮丧地写道,"目前看起来所有的国际合作都处于最低潮,而且形势似乎越来越坏。"[③]

在赫尔不依不饶的请求下,罗斯福迅速从国内事务中清醒了过来,毕竟由美国领导重振世界经济是他的长远目标。而且,赫尔是否留任对他在美国国会尤其是在南部是否获得支持也至关重要。因此,他回复赫尔,可以在其返回华盛顿之后重启互惠贸易法案的议程。

2. RTA法案的制定与通过

1) 美国国内对贸易政策的探讨与争论

伦敦经济会议后英法意等国都相继抛弃了关税停战协议,在各自的利益范围内恢复经济。在这种情况下,为了重新推动国际经济合作,赫尔委派特使柴尔德(Child)出访欧洲,但其失败却在预料之中。英法等国并未表达对与美国经济合作的善意。访欧归来后,柴尔德忧虑地表示欧洲对美国的政策存在着巨大的不信任,"除非我们进行一些改革,不然目前所有的合作努力都会劳神费力而又徒劳无功。"[④]深知美国目前的国际经济政策难以得到其他国家认同的赫尔将推动贸易自由化的行动主要集中在了国内,主动发起了一系列有关贸易及关税问题的争论和活动,以使长期上不了国内政治议事日程的互惠贸易法案受到国会关注。

赫尔取得的第一个胜利就是成功地扳倒了其视为眼中钉的经济民族主义者莫利,从而削弱了经济民族主义者在政府的影响力。在赫尔进行了一系列活动后,罗斯福也认识到两者中只能有一个人留在国务院,经过权衡,

---

①　Lloyd Gardner, *Economic Aspects of New Deal Diplomacy*, p.30.

②　Patricia Clavin, *The Failure of Economic Diplomacy: Britain, Germany and the United States, 1931 –1936*, p.144.

③　Richard Kottman, *Reciprocity and the North Atlantic Triangle, 1932 –1939*, p.76.

④　Patricia Clavin, *The Failure of Economic Diplomacy: Britain, Germany and the United States, 1931 –1936*, p.172.

他选择了赫尔,并迫使莫利在 1933 年 8 月底辞去了副国务卿一职。[①]

此时,通过互惠的方法扩大出口繁荣经济的思潮还是主要集中在国务院内部。国务院的官员认为,如果美国的出口不能增长,只通过废除斯穆特·霍利法案来提振经济是不可能的。赫尔认识到,在国内失业率如此高,经济状况如此差的情况下,"只有傻瓜才会到国会去要求取消斯穆特·霍利法案或降低关税"。[②] 威尔逊总统的女婿、助理国务卿弗朗西斯·萨伊尔(Francis Sayre)也指出,美国单方面降低关税丝毫不能触及世界各地正在构建的贸易壁垒,这些壁垒正在极大限制美国过剩的产品进入世界市场。"如果要为美国产品赢得出口市场,唯一有效的办法就是在国内外都降低贸易壁垒"。[③] 因此,在政府与国会和共和党之间进行的有关贸易问题的对话中,单边降低关税等提法被淡化了。有利美国出口和经济及互惠贸易成了强调的重点。经过赫尔等人的活动,民主党内越来越多的人公开表示无论以何种方式,恢复对外贸易以扩大出口才是繁荣美国经济之道。民主党元老、威尔逊总统的特别顾问爱德华·豪斯(Edward House)上校在外交事务杂志上撰文表示,当前政府在贸易问题上最紧要的问题在于"使其他国家有足够美元以还欠我们的债和吸收我们的出口"[④]。总统智囊团成员之一的阿道夫·伯利(Adolf Berle)也认为互惠贸易能提升对外贸易并促进美国的经济复苏。

除此之外,与赫尔一致,许多美国官员都开始将贸易自由原则提升到了政治高度。他们认为扩大对外贸易不仅是经济上的需要,而且能维护美国自由民主的传统政治制度。萨伊尔在公开场合多次发表演讲,良好的对外贸易可以替代政府管制,社会主义和损害个人自由的方法。共和党的前国务卿史丁生也认为发展对外贸易符合美国传统政治的利益,"否则我们的传统制度和对自由的挚爱就会被遏制。"[⑤]

而此时美国经济的不断恢复也为贸易自由派提供了斗争的论证基础和

---

① 莫利后来成了罗斯福新政的最著名批评者之一,并加入了共和党。

② Cordell Hull, *The Memoirs of Cordell Hull*, p.358.

③ Francis Sayre, *The Way Forward: The American Trade Agreements Program*, New York: Macmillan, 1939, pp.41-42.

④ Lloyd Gardner, *Economic Aspects of New Deal Diplomacy*, p.39.

⑤ Ibid, p.40.

越来越多人的支持。诸如 NIRA 和 AAA 这类新政初期制定的法案是美国经济衰弱时期的产物,它们有个共同的思想假设,那就是认为虚弱的美国经济抵挡不住大开国门而潮水般流入的国外(尤其是欧洲)产品冲击。美国经济可以自给自足不依赖与其他国家进行贸易,"美国人民应当认识到,对外贸易只占美国生产总值的很小一部分。"[1]莫利等人正是凭借这样的观点获得了相当多人的支持,得以在新政早期力促罗斯福实施紧缩工农业生产和贸易保护政策。

　　然而这种政策只适合于经济处于低谷,商品生产不旺时期。生产紧缩和贸易保护并不能使美国真正实现繁荣。对外贸易虽长期以来占比都不到美国生产总值的百分之十。但是一直以来,美国都通过扩大国外市场解决产品过剩的危机。1929 年美国工农业产品出口收入达 51 亿 5 700 万美元,30% 的办公电器,25% 的农产品和机械设备,18% 的汽车销往国外。全美国总共有超过 1 000 万人依靠对外贸易维持生计。[2]

　　百日新政之后,美国国内经济形势有所好转。《纽约时报》每周工商业指数由 1933 年 10 月的 72 上升到 1934 年 5 月的 86。美国工业生产指数由 1933 年 3 月的 56 上升到 7 月的 100,这导致工业存货指数由 63 上升到 109。[3] 虽然国民收入出现增长,商品价格指数也提高了,但仍远未达到 1929 年的水平。1934 年仍然有 1 240 万美国人失业。可以说,新政的国内政策把美国拖离出了大萧条的谷底,但却没有使国家恢复往日的繁荣。罗斯福政府必须通过扩大出口来销售过剩的商品,因此扩大对外贸易显然是一个理想的解决方案。

　　另外,从可行性上讲,此时的美国要想在国际经济领域内取得突破,唯一有可能的领域也是在贸易关税领域。战债问题已经成了美欧关系的死结。当英法意等欧洲大国在约定之日不归还债务的情况下,1934 年 1 月国会通过了约翰逊法案(Johnson Act),禁止美国私人或政府购买赖债国家发行的公债或向这些国家贷款。而稳定货币又是罗斯福不想触动的问题。因

①　Lloyd Gardner, *Economic Aspects of New Deal Diplomacy*, p.28.
②　Francis Sayre, "The Question of Self-Sufficiency", *Annals of American Academy of Political and Social Science*, Vol.186, Jul.1936, pp.129 - 131.
③　威廉·洛克仑堡著,刘绪贻等译:《罗斯福与新政》,第 76 页。

此在这种情况下,贸易和关税问题是美国进行国际经济改革的唯一突破口。

2) 打破僵局

综合以上因素考虑,美国已经走到了对外经济政策的十字路口。是在领导复兴世界经济的基础上最终繁荣美国经济还是跟随当时的世界潮流走向经济民族主义以邻为壑、各自为战的不归路,这一切需要美国政府的最高决策者尽快应对。

1933 年 11 月 11 日,白宫发表公告预示政府将在贸易问题上有所行动,"时机已经到来······国内生产的调整······会从互惠的关税,易货贸易以及其他相关的国际协商而获利。"①然而公告中将互惠贸易与其他贸易共同列出表明,总统此时并没有明确的贸易方案。他虽认可通过扩大出口以销售其过剩的产品的信条,却对 RTA 中的互惠原则不那么肯定,也并没有正式表态鼓励或支持政府内外国际主义团体为降低关税,构建自由贸易所做的努力。此外,他也忙于使国会批准供给法案等国内立法,无暇他顾。

半个月后,为日后 RTA 法案通过和实施立下大功的贸易政策指挥委员会正式成立,委员会由已故总统威尔逊的女婿萨伊尔任主席,归属国务院管理。此举无疑增添了国际主义者的影响力。同时,赫尔也在乌拉圭第七届泛美会议上强调,美国政府希望缔结国与国之间的贸易协定以取消对世界贸易恢复影响极大的不合理的高额关税。然而 1933 年还是没来得及成为互惠贸易法案诞生的一年。赫尔年底远离首都出席泛美会议削弱了贸易改革派的声势和影响。

僵局由于政府内意见的重组而被打破。农业部长华莱士和史丁生等人纷纷表态支持赫尔的互惠贸易法案。其中,早先视线一直集中在国内改革上的华莱士转向支持 RTA 最为关键。此人是新政在国内的领导人物之一,因亲身参与制定与执行一系列新政的农业政策而深受罗斯福赏识。另外他在农业利益集团中也有较大的影响力,因此其意见对一直在思考如何解决农业问题这个大麻烦的罗斯福有着重大影响。1934 年 2 月,华莱士出版了当时流行极广的小册子《美国必须选择》一书。他指出完全的自给自足与放弃国内管制的贸易制度都不符合美国的利益,而自己支持一种"中间立场"

---

① Henry Tasca, *The Reciprocal Trade Policy of the United States: A Study in Trade Philosophy*, p.28.

(Middle Ground)，即在降低关税扩大进口的同时保留国内的某些控制措施。而新的贸易法案中增强总统权力的条款符合国内新政的基本精神，通过互惠方式来扩大出口以解决国内的农业危机符合那条介乎完全的自给自足和彻底的国际主义之间的道路。因此他努力说服罗斯福"通过修改贸易政策，准许大量国外产品流入美国以作为扩大外国购买力的方法"①。农业利益集团以及政界元老的支持给了罗斯福进行变革的信心和决心，使他转向支持赫尔的提议。这对 RTA 最后的通过起了非常大的帮助作用。值得指出的是，华莱士所指并获得罗斯福、赫尔及其他美国政府支持的所谓"中间道路"正是美国"二战"后最终构建起来的多边自由国际制度基本特征的"深嵌式自由主义"(Embedded Liberalism)的前身②，由此可以看出 30 年代美国国际贸易政策的调整对美国日后构建国际规则产生的巨大影响。

3) 互惠贸易协定法案的通过

对于赫尔等长期为自由贸易奋斗的国际主义者来说，实现更加有效率的、更有可能长久的贸易制度关键取决于行政机构是否获得与他国谈判，缔结贸易条约并不需得到国会批准的权力。他深知，美国历史上，很少有与他国签署的互惠贸易协定最终会获得国会的批准。直到 1934 年为止，21 个这样的协定只有 3 个从国会中通过。③ 例如，1897 年《丁格里关税法》授予了总统与他国进行贸易谈判的权力，但该法案所达成的 11 个条约却没有一个得到国会的批准。因此，只要美国国内关于贸易的权力分配格局不得到改变，其长期以来的保护主义对外经济政策就不能得到调转。这种情况下，赫尔选择了宪法中的行政协议(Executive Agreement)方式。"如果总统与他国签署的贸易协议属于条约，那么就需要三分之二多数票通过；如果属于条例或者共同决议案，那么就需要国会简单多数票通过；如果是行政协议，那么在国会授权后就与国会完全无关。"④

---

① Patrick Hearden, *Roosevelt Confronts Hitler*, pp.34 – 35.
② 有关"深嵌式自由主义"的最好论述，见 Ruggie, John, "International regimes, transactions, and change: embedded liberalism in the post-war economic order", in Stephen Krasner, ed, *International Regimes*, Ithaca: Cornell University Press, 1983, pp.195 – 231.
③ Henry Tasca, *The Reciprocal Trade Policy of the United States: A Study in Trade Philosophy*, p.43.
④ 转引自孙哲、李巍合著：《国会政治与美国对华经贸决策》，上海人民出版社 2008 年版，第 39 页。

　　另外,为了在其酝酿期争取更多人甚至保护主义利益集团的支持(至少不是强烈反对),政府在舆论宣传上干脆将传说中的贸易法案系上了扩大出口(而不是降低关税)的招牌。它不断强调 RTA 是消除大萧条的紧急措施,以及其能够扩大对外贸易,带来更大国外市场的潜力。而 RTA 中有关降低关税及调整国内贸易政策制定规则的特性则被有意识地淡化了。这种强调出口导向的策略对 RTA 得到民众的认同并最终通过国会这一关起到了积极作用。这样无论是支持低关税的出口企业,还是倾向于高关税的贸易保护主义利益集团都没有在此问题上过多纠缠。①

　　最后,为了使法案顺利通过,赫尔和萨伊尔等人将法案定为危机下的紧急措施,期限三年。

　　在做好了前期的政府内部协调和舆论宣传铺垫之后,3 月 2 日,由贸易政策指挥委员会主席萨伊尔制定的贸易政策改革方案由罗斯福提交给了国会众议院。这封意义非凡的信函主要内容如下:

　　　　我在此恳请国会批准政府与其他国家签订商业协定的权力,以及在规定的范围内修改进口关税及一系列限制进口措施的权力,这将有利于美国农业和工业。

　　　　在这个充满变革和危机的年代,大胆地挑战和转变世界贸易的潮流是一项极其伟大的事业。所有国家都应该随着形势的变化而调整财政和贸易政策以避免进出口的剧烈波动。

　　　　如果美国不提倡公平机会,那么它的对外贸易将变得一文不值。如果美国不迅速修正它与其他国家商谈贸易的方法,它就不能够有效地使其出口免受歧视,也不能使其免遭各种谈判的损害。

　　　　我想强调,不要指望好处会立竿见影地出现。要成功地构建贸易政策同时又不损害美国广大生产者的利益需要一套谨慎而逐渐变动的计划。②

①　Karen Schnietz,"The Reaction of Private Interests to the 1934 Reciprocal Trade Agreement Act",pp.222-226.

②　Edgar Nixon ed,*Franklin Roosevelt and Foreign Affairs*,1933-1937,Vol. Ⅱ,pp.1-3.

　　尽管事先做了细致的铺垫,但是如此具有改革性质的法案在国会中还是引起了激烈的争论。多半出于对手中贸易权力的恋恋不舍,国会仍然不想轻易地将属于自己的权力转让给政府,除非多加上几条限定措施。共和党参议员范登堡(Arthur Vandenberg)指责罗斯福等人的提议不符合宪法,体现了政府的"法西斯主义哲学"①。众议员特内德威(A. Treadway)提出 24 条对 RTA 的反对状,其中尤其对行政部门限制最大的是不允许谈判时牵涉到任何战债问题。而参议院则要求政府与他国达成任何协议之前都必须与其他部门交流意见,此即参议院财政委员会所提出的,"公众应当知晓缔结协定的意图"。② 在政府满足了这些限制条件后,众议院 3 月 29 日和参议院 6 月 4 日分别以 274 比 111 票和 57 比 33 票通过了互惠贸易法案。这才有了罗斯福夜间签字那一幕。

　　RTA 法案的主要内容包括:由总统领导下的行政部门负责与他国进行有关关税减让的贸易谈判。总统增加或降低关税的范围在 50％以内③。法案有效期限为 3 年,到时由行政部门再向国会提出延长或修正。其实质精神在于通过与他国签署互惠协定,给予他国商品更多进入美国市场的机会从而换取美国出口的增加。简而言之,就是投之以桃,报之以李。并在此基础上凭借美国丰富的原材料、巨大的市场、强大的生产能力以及雄厚的资本将这种双边协议以无条件最惠国待遇的形式扩大到全世界,④最终建立一个在美国领导下的和平富裕的自由资本主义世界体系。

　　按赫尔等人的规划,RTA 法案的核心精神体现在无条件最惠国原则中。这也是 RTA 对美国贸易政策的巨大创新。由于 RTA 并非赫尔原先设想的多边贸易谈判和关税减免。赫尔打算通过无条件最惠国原则将双方

---

① Edward Kaplan, *American Trade Policy*, 1923 - 1995, p.45.
② Henry Tasca, *The Reciprocal Trade Policy of the United States: A Study in Trade Philosophy*, p.37.
③ 笔者注:以 1930 年斯穆特·霍利法案所制定的关税为标准。
④ 美国实行无条件最惠国原则最先始于 1923 年哈定的国务卿休斯。与赫尔相比,休斯更重视其经济功效,单纯为扩大美国商品的出口服务。与此同时当时美国的高关税也使这种最惠国待遇打了折扣。无条件最惠国待遇的含义是要是美国与甲国签订了有关某种商品的关税优惠条约,那么这些优惠就将自动适用于乙国及丙国,只要乙国和丙国给予从美国进口商品的待遇与它们给予其贸易伙伴中的最好待遇,即最少的税率和贸易阻碍。同时这一原则也包括惩罚和报复措施,即如果乙国或丙国不给予美国商品最好的待遇,那它们两国的产品在美国则将承受斯穆特·霍利法案所制定的高关税。见 Cordell Hull, *The Memoirs of Cordell Hull*, pp.359 - 360。

达成的减免协定惠及其他国家，这也就是所谓的双边谈判，多边受益原则。这样的规划是出于当时的大环境考虑的。在伦敦经济会议后的国际经济合作低潮中，双边贸易谈判显然更容易达成，也不会像多边谈判那样引起国会的强烈反感。

RTA 法案的通过提升了以总统为首的美国行政部门的权力，在经贸事务上尤其如此。因此有学者认为美国在经贸领域进入了所谓"帝王式总统"即强总统、弱国会的时代。[①] 这一体制及其逐步设立的一系列贸易管理行政机构使美国贸易政策和经济外交的开展变得更加理性化、规范化和系统化，从而提高了美国开展并实施对外经济战略和经济外交行动的能力。RTA 满足了国内扩大出口的要求，大幅度扩大了美国的出口。到 1941 年为止，美国一共与全世界 22 个国家签署了互惠贸易协定。从 1933 年到 1939 年，美国出口海外的商品数量增长了 2 倍。其中在与美国签署了贸易条约的国家中，出口增长了 62.8%，而在非签约国出口只增长了 31.7%。[②] 同时美国的关税也降低了，同期进口商品平均关税由 55.2% 降到了 37.3%。[③]

3. 小结

美国著名政治经济学家莱克认为，1934 年 RTA 法案通过后，美国既没有像金德伯格所说的那样不愿领导世界，也没有像战后那样领导世界，承担霸权国家的重任，而是作为一个"机会主义者"，在分寸必争的贸易谈判中努力增加出口的同时，试图做到"至少公平如果不是有利"关税互减和无歧视待遇。[④]"机会主义者"这种说法比起前两种提法更加接近三四十年代美国对外经济政策的特征。

互惠贸易法案与新政时期罗斯福政府的许多政策一样具有实验性和为了调和矛盾而具有的中间性质。政府为了使之顺利通过而强调其对美国出口的推动作用，然而这却不仅仅是单纯为了扩大美国出口而设立的。对赫尔为首的国际主义者来说，RTA 法案从尚处萌芽期开始就不仅仅是一个单纯的经济法案。这主要是由于其主要设计师赫尔的国际政治经济观点。法

---

① 转引自孙哲、李巍合著：《国会政治与美国对华经贸决策》，第 37 页。
② David Lake, *Power, Protection, and Free Trade*, p.208.
③ Ibid, p.207.
④ David Lake & Jerry Frieden, International Political Economy, pp.204 - 215.

案通过后,赫尔即强调了以RTA作为其构建繁荣与和平世界的外交工具的意图,"这个方案涵盖了我确保(世界)和平以及全面繁荣的大部分希望。"[1]

从不同的视角出发都可以发现,RTA法案具有明显的局限性。首先,其与赫尔等国际主义者实现自由贸易的初衷并不一致。"互惠"这一表达本身就体现了美国贸易政策的保留。以双边协商上的"互惠",最终达成多边自由贸易的共识本身就具有很大的偶然性和不稳定性。另外,RTA强调的是非歧视原则与平等待遇而非主动降低关税,这就导致很多时候美国能以商品受到歧视为借口再次提高关税。比如说,在RTA中有11项特殊条款规定在具体情况下对某些进口商品征收附加的关税,尤其是当某国的关税高于美国时,美国就将对来自该国的商品增收关税予以回报。[2] 这种做法可以说与早先的贸易战别无二致。在这种情况下,鲁杰认为1934体制与RTA自身的两面性逐渐促成了战后国际制度的基本特征"深嵌式自由主义","与30年代的经济民族主义不同,它在性质上是多边主义的;然而与金本位和自由贸易式的自由主义不一样的是,这种多边主义会受到国内干预的影响。"[3]

其次,政府在对外经贸等事务上的权力虽然提升了,但是并不能做到高枕无忧及任意行事,而更像是与保守派及其他国内的反对派打了一个平手。美国政治体制的平衡制约机制传统此时充分地体现了出来。甚至可以说,1934年6月后美国国内在对外贸易的平衡是一种并不牢固的平衡,随时可能被保守派颠覆。事实上,当时很少有人认为RTA会是一项长期的法案。中西部利益集团的意思只是想让它先"试一下"[4],他们继续无时无刻地挑战和制约着政府的权威。保守主义的"群狼"被关在了国会山大门之外,现在却又在国务院等政府部门来捕食。这种情况下,美国传统的党派政治并没止于RTA的水边。投票表决时,民主党国会议员对法案几乎无一例外地表

① Arthur Schatz, "The Anglo-American Trade Agreement and Cordell Hull's Search for Peace 1936-1938", *The Journal of American History*, Vol.57, No.1, Jun.1970, p.87.
② Henry Tasca, *The Reciprocal Trade Policy of the United States: A Study in Trade Philosophy*, p.119.
③ John Ruggie, "International regimes, transactions, and change: embedded liberalism in the post-war economic order", in Stephen Krasner. ed, *International Regimes*, p.209.
④ Arthur Schatz, "*The Reciprocal Trade Agreements Program and the 'Farm Vote', 1934-1940*", p.500.

示支持,而共和党却只有两名众议员,三名参议员支持该法案通过。① 参议院批准 RTA 的当天,如此大的反对声使得萨伊尔悲观地感叹道,"(看来)美国政府只有稳妥地从那些产品在美国不具备竞争力的国家开始互惠谈判了。"②

1934 年 6 月 RTA 法案通过之后,不断有人提醒赫尔,"今后所有对法案的反对声都会集中到国务院身上"③这令赫尔始终有种紧迫感,"他时刻牢记,那只赋予这项权力的'手'同样也会剥夺这个权力。"④因此,为了应对和化解来自保守主义利益集团的批评,赫尔并没有积极地采取措施鼓励和扩大从国外进口。他还多次向国会指出由于美国政府掌握着贸易谈判的主动权,绝不会发生"美国有所付出而得不到任何好处"的情况。⑤ 为此 RTA 法案中引入了诸如"主要供应国"等确保美国谈判优势的策略。在农业问题上,美国也并未进行自由贸易的转变。在这种情况下,与其他国家的谈判过程受此影响显得断断续续,耗费时日。

这种国内因素的影响导致了 1934 年后罗斯福政府对外经济政策的"机会主义者"及"深嵌式自由主义"等特征的形成。在此值得指出的是,除了政府与保守主义利益集团的斗争外,美国国内还存在着农业保守主义利益集团与出口利益集团之间的政治博弈。在 RTA 法案通过前及通过初期,以博拉(William Borah)、约翰逊(Hiram Johnson)和范登堡等国会议员为代表的经济民族主义者和农业保守主义利益集团一直担心 RTA 是为了东部工业利益而牺牲中西部农业利益的阴谋。这些人普遍担心政府会与加拿大等农业国家达成贸易协定,为了增加工业产品的出口而降低农产品关税,那样将会打击美国农业。因此他们要求将关税谈判仅限于非农业部门。约翰逊更是恼羞成怒,将华莱士比作"渴望征服新世界的亚历山大",并指责赫尔不切实际,"像一只长满跳蚤的狗一样对世界充满幻想"。⑥ 而相反,东部工业

---

① Patrick Hearden, *Roosevelt Confronts Hitler*, p.36.

② Ibid.

③ Ibid, p.37.

④ 戴斯勒著,王恩冕等译:《美国贸易政治》,中国市场出版社 2006 年版,第 19 页。

⑤ 转引自张镇江著:《从英镑到美元:国际经济霸权的转移,1933—1945》,人民出版社 2006 年版,第 37 页。

⑥ Arthur Schatz, "The Reciprocal Trade Agreements Program and the 'Farm Vote', 1934 - 1940", *Agricultural History*, 46 (October 1972), pp.499 - 500.

利益集团却积极支持 RTA。代表东部工业利益的全国贸易协会主席尤金·托马斯在法案尚处焦灼之际时提交给赫尔一长串希望 RTA 通过的企业协会名单，并表示会全心全意支持赫尔的改革及 RTA。[1] 正如前文所提到的，RTA 法案之所以能够通过，与政府在这两者之间的运作是分不开的。一方面政府通过宣传策略，向各界表示法案不会有损美国利益。例如，华莱士关于对外经济的中间道路观点和其做出的不损害农业利益的保证。另一方面经济民族主义者也开始认识到国内国际恶劣的经济环境使得这样的调整显得刻不容缓，毕竟他们也需要从扩大出口中获利。在这一番思考过程后，来自中西部农业州的参议员中，支持与反对 RTA 的投票比例为 27 比 11。[2]

　　尽管 RTA 法案并非纯正的自由贸易政策，其实施过程也充满了非常多的问题。然而在当时各国都以邻为壑，建立经济势力范围并力图实现自给自足的国际大环境下，美国却推出了这一重大的制度创新，这是非常难能可贵的。他们开始重拾理性的贸易政策，重新认识在贸易的双向车道上，只有给予进口商品更多自由才能获取在他国扩大市场的回报。"如果我们不买，那么是绝对不可能卖出东西的。"[3] 日后随着与越来越多国家 RTA 协定的陆续签订，以及合作方式的扩大，它逐渐使美国真正迈向了国际经济领导者的地位。后来历史的进程表明，国际经济上的合作和领导为其在国际政治领域内摆脱中立，承担责任做了铺垫和准备。正如戴维·卡利欧所说，"自由贸易没有消逝，它只是来到了美国。"[4]

二、RTA 法案出台后初期罗斯福政府内部的纷争

　　RTA 法案从提出到通过所经历的这场持续 3 个月的大辩论显示，美国国内公众舆论、不同利益集团、党派及政府内部对法案存在着严重的分歧。即使是积极支持法案通过的团体和个人在具体政策上都有着明显而激烈的

[1]　Patrick Hearden, *Roosevelt Confronts Hitler*, p.32.
[2]　Arthur Schatz, "*The Reciprocal Trade Agreements Program and the 'Farm Vote', 1934 - 1940*", p.513.
[3]　Francis Sayre, "The Question of Self-Sufficiency", p.130.
[4]　Patricia Clavin, *The Failure of Economic Diplomacy: Britain, Germany and the United States, 1931 -1936*, p.69.

冲突。这些冲突对美国外交政策的制定造成了重要影响。

1. 赫尔与罗斯福的共识与分歧

首先,总统与国务卿这两位 RTA 法案的始作俑者和最重要负责人之间存在着观点上的异同。与赫尔近乎死板的国际主义理念不同的是,罗斯福在思想上虽相信威尔逊式国际主义,认为降低关税是世界和平稳定的基础。然而在行动上他却是一个实用主义者。作为总统,他首先要做的是恢复国内经济然后再考虑长期的世界贸易复兴等目标。哪种选择在短期内对美国经济复苏最有利,他就选择哪条路。正是在这种政策指导下,他发出了那封导致伦敦经济会议难以开下去的"炸弹电报"。1934 年美国经济有所恢复,但并未彻底走出低谷,他依然需要将国内恢复摆在中心位置。

在这种情况下,促使罗斯福向议会提出 RTA 的直接动力并非来源于赫尔等国际主义者的呼声,而在于政府内部以华莱士为代表的国内新政中坚力量转向支持该法案。华莱士在国会听证会上指出 RTA 会增加就业机会,"国会应当意识到如果高关税导致失业,那么降低关税的结果如何就很明显了。"[1]将新政国际化,通过增加出口提升国内就业以实现 AAA 和 NIRA 所不能带来的国内繁荣是这批人的基本理念。尤其在 RTA 通过后的初期,罗斯福是认同华莱士的看法,从增加出口,促进美国繁荣来考虑该政策的。

与此同时,罗斯福还不想得罪美国强大的经济民族主义力量。为此,他多次向国会保证贸易的扩大是为了增加出口,不会伤及国内生产者。除了发表必要的讲话和出席听证会或签字仪式之外,在互惠贸易法案从筹备到提出再到不断修改并最终获得通过的漫长过程中,无论是讨论听证,还是在随后设立具体执行机构以及法案实施的初期,罗斯福始终保持一种半推半就,顺水推舟的行事态度。他的这种态度直接导致了 RTA 初期执行上的一系列争斗。

而与态度模糊不定的总统不同的是,亲身参与华盛顿和伦敦这几次不成功国际会议的经历更坚定了赫尔领导世界经济恢复的决心。他认为美国作为世界债主的同时却以高关税阻止进口严重损害了世界贸易和经

---

[1] Edward Kaplan, *American Trade Policy, 1923-1995*, p.46.

济的恢复,这才是美国经济长期不能恢复繁荣的根源。他特别重视法案中的无条件最惠国原则,期待以 RTA 法案为基础,在美国的领导下重塑世界规则,领导世界经济改革。更重要的是,赫尔坚信经济稳定繁荣是世界和平的基础,他渴望 RTA 成为美国经济外交的武器,以此维护世界和平。

2. 政府各部门之间的共识与纷争

1934 年左右,美国政府内部负责规划世界新秩序的几个重要人物开始浮出水面,他们在这个过程中起了极其重要的作用,其各自领导的部门以及同中有异乃至相互竞争的原则和行事作风对 RTA 的执行造成了重大影响。这些重要人物与部门分别是赫尔及其领导的国务院;于 1934 年 1 月顶替伍定(William Wooding)出任财政部长的亨利・摩根索(Henry Morgenthau)及其领导的财政部和农业部长华莱士(Henry Wallace)。这些人都从"一战"后美国构建世界新秩序的失败经历中受到了教育和启发。他们在某些方面存在着基本的共识,首先,美国应该为世界制定详细的规划以防止威尔逊时期由于准备不当而造成美国重新退回孤立主义的情况再度发生。其次,他们都认为美国应该为构建一个多边性的国际组织努力。第三,他们普遍认为"一战"结束以来危机不断,和平谈判屡遭挫折的根本原因在于没有解决经济问题,而和平与繁荣都取决于世界经济问题得到解决。因此,他们都强调从经济入手来构建新世界的美好蓝图。更重要的是他们都认同多边主义作为新秩序的根本原则。①

在具体事务上,这三个人却有不同的侧重点。赫尔的国务院主要负责关税贸易问题,强调以无条件最惠国待遇基础上的双边互惠贸易谈判构建多边自由贸易体系。摩根索的财政部主要负责稳定货币及金融方面的问题,同时比国务院更重视扩大美国的出口,正如摩根索的主要助手哈里・怀特(Harry White)所说的那样,重新恢复美国商业的活力"能比彻底消除我们的关税和签订 100 个贸易协定为我们的对外贸易做更多的东西"②。华莱士则侧重于农业问题,以及通过提倡一些国际工程计划来使新政国际化。

---

① Richard Gardner, *Sterling-dollar diplomacy: the origins and prospects of our international economic order*, pp.4 - 12.
② Ibid, p.15.

虽然RTA的日常行政工作主要由赫尔领导的国务院负责,但赫尔渴望在所有对外经济事务上面都能与其他部门协调并获得其支持。然而国务院与财政部的意见不合乃至竞争日益加剧。这两个部门负责人的性格、经历和行为作风有很大的不同。赫尔老成谨慎,善于宏观战略规划,其缺点是行事太注重原则乃至在处理一些突发的危机面前缺乏灵活和效率。而摩根索与赫尔恰恰相反,此君四十出头正值壮年,精力旺盛,行事作风灵活机敏而不偏离基本原则。尤其在外交政策上,身为犹太人的摩根索倾向于对德国实施经济贸易制裁导致了与坚守自由贸易的赫尔的冲突。赫尔始终认为不能让摩根索对抗德国的"个人战争"[1]影响美国的整个外交政策。除了摩根索以外,在1934年以后赫尔还与美国政府多个部门的领导人存在相当激烈的争斗关系,这都影响了RTA的实施及效果。[2]

3. RTA法案执行机构内部的斗争

RTA法案各个执行机构和组成部门之间也存在严重的相互抵触与斗争,常常导致政出多门的情况出现。由于罗斯福并不完全信任赫尔及其原则,他先后将众多经济民族主义者揽进了与RTA法案有关的各机构中。这其中尤其以对经济民族主义者皮克的任命引起的影响最大。罗斯福任命皮克为其外贸特别顾问,指挥协调政府各部门的外贸政策并向总统提供和收集国内各部门、党派、地区有关对外贸易的信息。这事实上是使其控制了萨伊尔所领导的贸易政策委员会,并成了有能力与赫尔及国务院对抗的一股势力。国务院在这一任命之初就表达了怀疑和不满。[3] 皮克与赫尔之间的争斗极大地影响到了RTA最初几年的发展进程和美国经济外交政策。本书将专门在下一章详细分析这一问题。

另外,为管理RTA法案而设置的行政机构具有高度的跨部门,跨党派性质,这很快导致了决策无效率、争论多等问题。例如,RTA法案的中枢部门对外贸易协定委员会(Committee on Foreign Trade Agreements)虽

---

[1] Cordell Hull, *The Memoirs of Cordell Hull*, p.471.

[2] 关于罗斯福政府内不同部门的相互争斗,除了赫尔的回忆录外,还可参见 Julius Pratt, "The Ordeal of Cordell Hull", *The Review of Politics*, Vol.28, No.1, Jan.1966, pp.76-98.

[3] "Telegram from the Acting Secretary of State to Chairman of the American Delegation to the Seventh International Conference of American States (Hull)", December 12, 1933, FRUS, 1933, Vol.1, p.930.

由副国务卿萨伊尔主管，然而其工作人员由国务院、财政部、农业部以及国会的商贸委员会的代表组成。将这些与赫尔思想不同的人结合在一起使得各部门间甚至同一部门内部人员间为了各自利益发生争斗与不和成了惯例。

第三章 赫尔与皮克的争斗及 RTA 作为经济外交 工具的开始

　　1934 年 6 月 RTA 法案通过后,按照法案的规定与他国签订 RTA 就成了美国政府的下一步工作。然而,RTA 法案是美国国内派系矛盾斗争的产物。它既体现了美国国内经济民族主义者扩大出口的需求,同时也是赫尔和国务院及其他经济国际主义者改革国际经济、重塑世界经济规则并在此基础上重整国际政治秩序的工具。① 但受总统与国务卿意见不一致,RTA 法案执行机构的跨部门化、跨党派化以及传统党派政治的影响阻碍,美国政府初期与其他国家进行的 RTA 谈判举步维艰。而且,限于当时的国际国内条件,RTA 法案的基础无条件最惠国待遇原则并未被美国政府认真实施。尽管如此,这仍不能消除国内利益团体对法案的疑惑与反对。最惠国原则成了初期美国国内围绕 RTA 争斗中最突出的因素。围绕这个原则,以皮克为代表的经济民族主义者和赫尔领导的国务院进行了长期的斗争。赫尔后来回忆,在 RTA 法案颁布后的最初几年里,“最大的威胁并非来自国外,也不来自共和党,而是来自罗斯福政府内部,来自乔治·皮克。”② 皮克与赫尔的斗争对 RTA 法案从单纯的对外经济政策转变为美国政府经济外交的工具起到了重要影响。本章拟结合国内政治博弈的单元视角和国际因素影响的体系视角来考察研究赫尔与皮克的斗争,分析这一斗争对 30 年代美国外交政策的影响。

---

① 张镇江著:《从英镑到美元:国际经济霸权的转移,1933—1945》,第 33 页。
② Cordell Hull, *The Memoirs of Cordell Hull*, p.370.

一、赫尔与皮克在对外贸易机构及哲学上的斗争

1. 贸易机构的斗争

乔治·皮克(George Peek),来自中部伊利诺伊州的农场主,莫林农业公司的主席,1933 年被罗斯福任命为农业调整局局长,并于同年 12 月被罗斯福委任为其对外贸易特别顾问,具有指挥协调政府各部门的外贸政策并向总统提供和收集国内各部门、党派及地区有关对外贸易信息的权力。这一职务与国务院萨伊尔掌管的对外贸易执行委员会存在明显的职责冲突。皮克认为国务院的政策是建立在东部工业区对中西部农业区的剥削基础上的,为此他反对将贸易权力归属于国务院。

在 1934 年年初 RTA 法案通过已成定局的情况下,皮克加紧与国务卿赫尔争夺新设立的 RTA 法案行政机构的控制权。他在 2 月份被任命为新设立的进出口银行主席,负责为美国工农业产品出口提供补贴,并向有关国家贷款以增进其对美国的好感。另外他还说服罗斯福于 3 月 23 日建立了具备官方机构性质的美国对外贸易特别顾问办公室,从而使其地位获得了正式确认。他有权与任何渴望获得联邦政府资助的个人、公司、协会、集团以及商业机构进行相关贸易谈判。[①] 这样皮克实质上成了保护利益集团在政府内的代言人。6 月份 RTA 法案通过后,具有 RTA 执行权的对外贸易执行委员会始终面临对外贸易特别顾问处的竞争。贸易政策委员会等下属的一系列机构在制定与执行 RTA 政策时都需与皮克协调、交流信息。这样,皮克领导的对外贸易特别顾问处成了有能力与赫尔和国务院抗衡并影响 RTA 运行方式的一股势力。赫尔从一开始对于罗斯福对皮克的任命就十分不满。他认为,"如果说罗斯福先生曾做过什么让我感到惊奇的行动的话,那其中最让人不可思议的事就是他对皮克的任命了。"[②] 从 1934 年 RTA 法案通过,至皮克辞职的 1935 年,赫尔和国务院的大量精力都耗费在了与皮克等人争夺贸易政策控制权的斗争中。

---

①　Henry Tasca, *The Reciprocal Trade Policy of the United States: A Study in Trade Philosophy*, p.87.

②　Cordell Hull, *The Memoirs of Cordell Hull*, p.370.

2. 外贸哲学之争

皮克与赫尔的斗争主要由两者截然不同的外贸哲学所致。这两种外贸哲学的分歧主要集中在是否坚持 RTA 法案的核心精神无条件最惠国原则上面。首先,皮克坚决反对 RTA 法案旨在构建多边自由世界的基础无条件最惠国待遇原则,并要求以双边排他性的贸易方案取而代之。他认为将关税减免和平等待遇原则扩展到没有与美国签订贸易协定的国家完全是"单方面的经济裁军"[1],而无条件最惠国待遇原则是"非美国的"。[2] 他对经济民族主义潮流下的各国受美国影响而转入自由贸易不抱希望,怀疑这些国家会牺牲美国的利益,指出:"其他国家非但没有遵循我们的规则相反却继续强化限制性的措施,而美国现在却被禁止从中获得好处。……这些所得大都损害了美国利益。"[3]他认为,高关税、贸易管制和进口配额制度才是世界贸易的应有之物。通过双边易货贸易制度(barter trade),单独与每个国家进行贸易谈判才是解决美国国内过剩农产品的有效办法。而在这个过程中,联邦政府应该充当全国贸易进出口的中间商角色。总而言之,皮克反对由无条件最惠国原则所导致的"搭车"现象。[4] 如本书前面部分所述,赫尔有关外贸的观点是完全与皮克相悖的。在政府与市场的关系问题上,赫尔认为,政府不应该对贸易活动进行指挥,应该确保私人企业能够有机会在开放和非歧视、免于政府干预和贸易特惠的世界市场中进行相互竞争。[5]

其次,与赫尔在 RTA 谈判应该着重于单纯的商业领域还是政治外交领域展开论战。赫尔认同"如果商品不能跨越国境,军队就会跨越国境"的观点,他渴望通过自由贸易促进世界和平。而皮克则指责其过于注重贸易条约的外交和政治意义而忽视了为美国谋取更多的商业好处。他一直公开宣称:"我是为了农业而搞政治,而非为了政治而农业。"他建议罗斯福:"必须由国家利益尤其是国内经济的需要来决定我们的外交政策是考虑商业问题

① Edgar Nixon, ed., *Franklin Roosevelt and Foreign Affairs*, *1933 – 1937*, Vol. Ⅱ, p.268.
② George Peek, *Why Quit Our Own?* New York: Van Nostrand, 1936, p.178.
③ Edgar Nixon, ed., *Franklin Roosevelt and Foreign Affairs*, *1933 – 1937*, Vol. Ⅱ, p.268.
④ Stephan Haggard, "The Institutional Foundations of Hegemony: Explaining the Reciprocal Trade Agreements Act of 1934", *International Organization*, Vol. 42, No. 1, Winter 1988, p.115.
⑤ Douglas Irwin, *Clashing over Commerce: A History of US Trade Policy*, p.434.

还是外交和政治的问题。"①尽管皮克在帮助起草 RTA 法案和使其得以顺利通过等方面做出过重要贡献，但他这些行为的主要目的是为了使罗斯福政府获得进行对外贸易谈判的权力，以此实践他的上述想法。

二、赫尔与皮克在 RTA 法案执行中的争斗

赫尔与皮克的争斗在德美贸易问题上达到极致，即是否用 RTA 法案的核心原则无条件最惠国待遇原则处理美德贸易问题。这事实上体现了RTA 法案执行中的两难。那就是是否坚持双边谈判、多边受益的最惠国原则；是从宏观的全球考虑出发，在促进自身利益的同时又实现国际社会的期待还是自私自利只顾自我狭隘的经济利益，并在双边易货贸易和加强政府管控的方法下发展美国和世界贸易。

1. RTA 法案作为一种经济外交手段的初显：赫尔的对德政策

德美关系中的债务和贸易问题此时正深深困扰着赫尔和国务院。德国经济的恢复与加速重整军备使得其对外贸易进口需求猛增，由此陷入了汇兑危机。德国进口从 1933 年的 42 亿增加到 1934 年的 45 亿。② 其国际收支由 1933 年的 6.67 亿盈余变为 1934 年的 2.84 亿赤字。1934 年底，只剩下8 000 万黄金储备。③ 为此，当时身兼帝国银行行长与德国经济部长的沙赫特（Hjalmar Schacht）要求债务国根据其与德国之间贸易平衡来偿还债务，由于"美国是跟德国进行贸易的主要债权国中仅有卖得多而买得少的国家。"④这样，上一年对德贸易拥有约 2.37 亿帝国马克顺差的美国将损失最大。

沙赫特的新计划（New Plan）标志着德国开始对其对外经济贸易进行全面控制。他通过使用记账马克、出口补贴以及汇率控制等手段与他国实行双边易货贸易扩大出口并为德国获取重要的战略物资。这显然与 RTA 法案的核心精神最惠国原则和非歧视待遇背道而驰。

① Edgar Nixon, ed., *Franklin Roosevelt and Foreign Affairs*, 1933-1937, Vol. II, p.270.
② Richard Overy, *The Nazi Economic Recovery 1932-1938*, Cambridge University Press,1996, p.27.
③ William Carr, *Arms, Autarky and Aggression: A Study in German Foreign Policy*,London Edward Arnold,1972,p.39.
④ Patrick Hearden, *Roosevelt Confronts Hitler*,p.58.

1934 年初到 6 月底为止,美国在欧洲的外交官发回的情报不断显示德国政府正陷于难以解决的经济问题之中。驻苏大使布利特感到"德国经济没有希望",[①]驻德大使多德(William Dodd)也坚信掌控着德国多数债权的美国能够掌控主动权,毕竟"这些资金是德国的生命线"。[②] 最有说服性的报告来自美国驻柏林总领事乔治·梅塞史密斯(George Messersmith)。他长期在美洲和欧洲多个国家任职,有着丰富的外交经验,属于少数能同时赢得国务院高层和罗斯福信任的外交官。罗斯福称其为"我们整个外交部门最杰出的人之一","我对他的判断非常重视"。[③] 赫尔也认为他是美国"最能干的官员之一"。[④]

梅塞史密斯认为纳粹德国是对世界和平的重大威胁,主张美国应该对其采取强硬政策,"让我们与想法根本不同的德国统治者讨论关税、货币以及其他任何重要事务是不可能的。"[⑤]其在 3、4 月份连续给副国务卿菲利普斯的信中提醒国务院切不可急于与纳粹德国签订贸易协定,和提供任何形式的经济援助,美国只需坐视不管经济危机就会使纳粹政权垮台。[⑥] 如果美国阻止德国从境外获取经济发展所必需的重要资源,"德国的工业生产和就业人数就注定会下降。"[⑦]

这一时期的国务院文件以及赫尔回忆录中都很少提及赫尔对这些建议的反应。事实上他与其领导的国务院不仅普遍认同这一观点,还在实践中亲自组织了对纳粹德国的经济遏制。赫尔打算通过经济遏制德国,从而使德国接受最惠国原则,并最终重新融入世界。他在 1934 年年中与阿姆斯特朗通信中表示"我们的看法与你们所强调的一致"[⑧]。国务院负责国际事务的经济助理菲斯(Herbert Feis)则认为如果没有美国的支助,纳粹熬不过

---

① Cordell Hull, *The Memoirs of Cordell Hull*, p.242.

② "Telegram From the Ambassador in Germany (Dodd) to the Secretary of State", February, 28, 1934, FRUS, 1934, Vol. II, p.414.

③ 阿诺德·奥夫纳著,陈恩民等译:《美国绥靖:美国外交政策与德国,1933—1938》商务印书馆 1987 年版,第 122 页。

④ Cordell Hull, *The Memoirs of Cordell Hull*, p.235.

⑤ Lloyd Gardner, *Economic Aspects of New Deal Diplomacy*, p.58.

⑥ Patricia Clavin, *The Failure of Economic Diplomacy: Britain, Germany and the United States, 1931 -1936*, p.183.

⑦ Patrick Hearden, *Roosevelt Confronts Hitler*, p.63.

⑧ Ibid, p.65.

"六个月"①,他用梅塞史密斯般的口吻表示只有"改变德国政权及其政策会使德国在对美贸易上比现在做出更大的让步"。②

国务院多次拒绝了德国签订新约的要求以促其倒台。德国本计划于 3 月 16 日派遣以帝国经济秘书波塞为首的经济专家团前往美国商谈具体贸易调整事项。赫尔以贸易法案还未通过,谈判时机"不成熟"为由拒绝③。4 月 12 日,驻美大使路德对贸易政策委员会主席萨伊尔表示,德国需要与美国签署贸易协定扩大出口从而"打破目前国内的恶性循环"。萨伊尔同样采取拖延战术,指出 RTA 法案通过前美国"不可能与其他国家进行谈判"④。6 月 6 日,即 RTA 法案在国会通过后的第二天,赫尔有恃无恐地对路德表示由于德国违反现有的德美商约歧视美国投资者,美国将先与其他国家商谈贸易协定。另外,美国驻德使馆也根据国务院的命令,阻止美国私人资本继续借款给德国⑤。

随着德国的政治经济形势逐渐稳定,国务院也开始调整政策,更加强调须以 RTA 法案的根本原则作为与德国签订贸易协定的前提。10 月 12 日,国务院特别委员会出台了一份重要报告,指出与德国达成贸易协定会损害美国的利益。如果要满足德国的要求,则需要"美国承担主要的让步"⑥。更重要的是,德国当前的对外贸易政策导致了"全面歧视,以及非正式地违背最惠国待遇原则"⑦。该报告最后建议美国可以通过"维持现状",等待德国政策发生改变。对赫尔等人来说,维持现状就是坚持 RTA 法案的核心精神最惠国待遇原则。报告提交第二天,路德就以德国会在一年后废除 1923 年签订的包含最惠国原则的德美贸易协定威胁国务院。然而赫尔等人并未为其所动,相反更加积极地要求德国接受最惠国待遇原则。

---

① Edgar Nixon, ed., *Franklin Roosevelt and Foreign Affairs*, 1933 - 1937, Vol. Ⅱ, p.142.
② Patrick Hearden, *Roosevelt Confronts Hitler*, p.64.
③ "Telegram From the Secretary of State to the Ambassador in Germany (Dodd)", March 1, 1934, FRUS, 1934, Vol. Ⅱ, pp.415 - 418.
④ "Memorandum by the Assistant Secretary of State (Sayre)", April 12, 1934, FRUS, 1934, Vol. Ⅱ, p.420 - 421.
⑤ William Dodd, *Ambassador Dodd's Diary*, New York: V. Gollancz, 1941, p.151.
⑥ "Memorandum by a Special State Department Committee on Proposed American Policy With Respect to Germany", October 12, 1934, FRUS, 1934, Vol. Ⅱ, p.448.
⑦ Ibid, p.450.

2. 与德国签订双边易货协定：皮克的计划

目前尚未有任何档案文献表明皮克是否了解赫尔的整个对德计划。但他此时追求的是一种完全与赫尔背道而驰的政策。从 1934 年 3 月份开始皮克酝酿用中西部的荤油交换德国莱茵河葡萄酒，此计划一旦成功，美国将在全国范围内分销德国葡萄酒，而德国则给予美国荤油特殊优惠待遇以增加其出口。这一计划由于违背了最惠国待遇原则，也忽视了赫尔在外交战略上的考虑，没有得到国务院的资金支持。

为此，皮克试图寻求美国商业界对其计划的支持，共同对赫尔施压。美国一些大公司在德国拥有巨大的经济利益，如果以商品价值排序，1934 年美国在所有与德国进行贸易的国家中位列第一位。1934 年至 1938 年间美国销往德国的汽车燃油及润滑油几乎增长了 3 倍，从 12 亿上涨到 34 亿美元，占据了德国进口的相关商品价值的 22％到 32％。[1] 通用汽车、杜邦以及美孚等大公司不顾国务院的禁令私自与德国继续保持商业往来，也倾向于支持皮克与德国的双边易货贸易计划。一些华尔街金融家也认为应该与德国签订贸易协定"吸收她更多的商品以换取其归还道维斯—杨格计划的债款"[2]。皮克抓住这个机会，与这些人越走越近，并委派通用汽车经理穆尼出访德国与沙赫特谈判。

国务院并没有屈服于这种压力。赫尔等人认为，皮克通过政府直接管控来操作的双边易货计划所进行的交易并不能从长远上对美国经济有所帮助。同时，国务院还预料到这样的排他性易货贸易注定会使美国受到其他国家的报复。[3] 4 月 26 日，萨伊尔直接对皮克表示："这种类型的计划会激起国内外巨大的反对"。[4] 6 月 1 日，副国务卿菲利普斯对皮克以及刚回国的穆尼说在很难清楚希特勒还会掌权多久的情况下，不要与德国商谈。[5] 4 日，菲利普斯向罗斯福表示菲斯对皮克计划的不满，"欧洲那些与我们处于贸易逆差的国家很可能觉得通过这种方法可以获得更多利益而不会再和我

---

① Arnold Offner, "Appeasement Revisited: The United States, Great Britain, and Germany, 1933－1940", *Journal of American History*, Vol.64, No.2, Sep.1977, p.374.

② Patrick Hearden, *Roosevelt Confronts Hitler*, p.102.

③ Douglas Irwin, *Clashing over Commerce: A History of US Trade Policy*, p.434.

④ "Memorandum of Conversation, by the Assistant Economic Adviser (Livesey)", April 26, 1934, FRUS, 1934, Vol.Ⅱ, p.422.

⑤ Michael Butler, *Cautious visionary: Cordell Hull and trade reform, 1933－1937*, p.110.

们签订互惠协定"①。与此同时,财政部长摩根索和农业部长华莱士也站在赫尔这边,纷纷拒绝为皮克提供其所需要的相关商业数据。与赫尔经常意见不一的摩根索在 RTA 法案通过的那天(6 月 4 日)写给皮克的信中指出:"我们的最终目的是普遍地取消或放松汇率管制而不是积极跟随世界潮流以此方式限制贸易。"②

变化的国际形势给了皮克新的机会。随着德美经贸关系日益恶化,很多美国人开始惧怕沙赫特的新计划会减少从美国购买农产品及相关重要原材料,也担心德国正在制造替代品以取代美国商品。连驻德大使多德都认为:"南方将失去每年可销售 200 万包棉花的市场,而中西部也会失去仅剩的对德农产品出口市场。"③在这种背景下,皮克向德国提出了更灵活的棉花交易方案。这次为了获得主动权,他先与德国谈判,再将谈判过程告知国务院,使国务院感到非常被动。9 月 12 日,在通过其他渠道得知谈判已经"相当深入"之后,菲斯匆忙建议国务院应该从皮克那里得知谈判的具体进展情况,否则一旦皮克接近与德国达成协议,"要干预就会很困难了"。④ 17 日赫尔发表讲话指责其为"狭隘的贸易补偿政策",而他支持的是一种自由的"三边贸易"。⑤ 20 日,赫尔拒绝了已经和皮克谈判过的路德签订贸易协定的要求。10 月 12 日特别委员会报告出台后,赫尔选择维持现状,彻底否决了皮克的计划。

皮克转而寻求公众与总统的支持。11 月他正式向外公布了协商中的美德双边贸易协议,美国将向德国出口 80 万包棉花,其中 25% 将由美元支付,剩下的 75% 外加 22.5% 的保证金则由马克支付并只能用来购买德国商品。为了狭隘的眼前利益,以农业利益集团为代表的大众舆论放弃了更长远的领导恢复世界经济的任务。大量的来信涌入国务院对皮克的计划表示支持。然而,皮克要让其计划通过的关键还是美国政府最高决策者罗斯福的支持。

3. 罗斯福态度转变与冷处理皮克

在皮克与赫尔都想寻求其帮助的情况下,罗斯福的态度决定着两者斗

---

① Edgar Nixon, ed., *Franklin Roosevelt and Foreign Affairs*, 1933–1937, Vol. Ⅱ, p.141.
② Patrick Hearden, *Roosevelt Confronts Hitler*, p.43.
③ Edgar Nixon, ed., *Franklin Roosevelt and Foreign Affairs*, 1933–1937, Vol. Ⅱ, p.181.
④ Michael Butler, *Cautious visionary: Cordell Hull and trade reform*, 1933–1937, p.111.
⑤ Edgar Nixon, ed., *Franklin Roosevelt and Foreign Affairs*, 1933–1937, Vol. Ⅱ, p.197.

争的结果。

11月12日,皮克致信罗斯福表示,无条件最惠国原则会有损美国的利益,"非常明显,我们现在所搞的普遍的自动关税减让会在很多地方伤害到美国生产者的利益"。在世界性贸易保护主义风潮下,美国采取无条件最惠国待遇"事实上是单方面的经济裁军"。其他国家并不会遵守美国制定的规则,相反它们通过签订专门的贸易协定"以美国为代价获取利益",所以"要使对外贸易在我国的经济复兴中发挥作用"就应该修改无条件最惠国待遇原则。①

正在此时,国务院的美国巴西贸易协定计划一直与皮克计划针锋相对齐头并进。双方都期望拔得头筹以影响以后的贸易协定,并互相阻碍对方的计划成功。对赫尔来说,"确定平等待遇以及最惠国原则比双方立即获取利益更为重要"。他更期望所达成的第一个贸易协定具有示范性质,从而为后来的谈判树立一个模式,即使牺牲一些商业利益他也在所不惜。赫尔害怕罗斯福会采纳皮克的观点,更惧怕美国政府内部的矛盾会引起其他国家的怀疑,"全世界都会注意到我们的自我攻击"。② 的确,在得知美国有可能与德国签订排他的双边易货协定,并导致巴西的棉花出口被美国棉花替代后,此时的巴西政府已经威胁要取消与美国正在进行的 RTA 谈判并采取报复措施。③

罗斯福是个实用主义政治家,他觉得在赫尔的 RTA 方案不可能立即见效的情况下,皮克的经济民族主义老方法至少可以迅速扩大出口。11月19日,罗斯福致信赫尔,以日本棉花在 RTA 法案通过后大量进入菲律宾市场为例对其进行了批评。他表示尽管在纯粹理论上其与赫尔意见一致,"然而我们应该随时修改原则以应对艰难的现实",而皮克则代表了"贸易政策上脚踏实地的实用视角",他建议赫尔应该与皮克"就最惠国贸易问题进行商谈"。④ 赫尔对此非常气愤和失望,他觉得总统的提议意味着"让他放弃其计划,而让皮克获得经济问题上的控制权"。⑤

① Edgar Nixon, ed., *Franklin Roosevelt and Foreign Affairs*, 1933－1937, Vol. Ⅱ, pp.267－270.
② Michael Butler, *Cautious visionary: Cordell Hull and trade reform*, 1933－1937, p.114.
③ Douglas Irwin, *Clashing over Commerce: A History of US Trade Policy*, p.434.
④ Edgar Nixon, ed., *Franklin Roosevelt and Foreign Affairs*, 1933－1937, Vol. Ⅱ, p.274.
⑤ Cordell Hull, *The Memoirs of Cordell Hull*, p.372.

23 日下午 2 点 17 分,罗斯福对记者表示当前国际经济贸易的最大问题在于缺乏外汇而导致的自给自足现象。对此,美国需要做的是"尝试与不同国家签订专门的易货贸易协定",他表示在世界其他国家都在搞自给自足之时,并不期待对外贸易会大幅恢复,"至少通过这些协定我们能防止形势更加恶劣"。①　此时是赫尔准备将以无条件最惠国待遇原则为核心的贸易协定草案转交巴西大使的前一天,他对罗斯福的发言深感不妥。他赶紧要求萨伊尔 4 点 45 分打电话要求总统支持国务院的草案,并强调在政府所有部门里面,只有对外贸易特别助理办公室反对这一计划。②

这样一来,皮克与赫尔间的对抗进一步加剧了。12 月 12 日,皮克趁赫尔外出之机拜访了罗斯福,要求总统"直接领导"对外贸易③。最后罗斯福同意了其与德国的棉花易货贸易协定,这一举措震惊了国务院。翌日,菲利普斯致电罗斯福要求在赫尔返回之后再做最终决定,"任何这样的特别提议都违背了国务卿的贸易政策,而且事实上打击了他一直坚持的重要原则"④。

正在老家田纳西州演说的赫尔得知消息后立即做了应对准备。他在 14 日罗斯福政府每周例行内阁会议之日返回华盛顿,逐一对罗斯福和政府其他领导人员讲述其根本原则。他的下属萨伊尔、莫法特(Jay Moffat)等人也出席了这次至关重要的会议。⑤　首先,赫尔在会议上一如既往地强调与德国签署易货贸易协定不符合 RTA 法案的根本原则以及美国当前的对外政策,非歧视与平等待遇原则才是这种政策的基石。其次,赫尔指出 RTA 法案中的最惠国待遇原则不仅不会损害美国的利益,而且是"最有效的"增加美国出口的方法。他反问:"如果我们采取特惠制,那我国的商品和国民能在国外受到平等待遇吗?"赫尔认为美国此时正与很多国家就签订 RTA 进行谈判,一旦与德国签订双边易货贸易协定,其他国家定会放弃拟定中的非歧视和平等待遇原则而群起仿效德国的做法从而伤害到美国的利益。第三,赫尔批驳了皮克所赞成的有条件最惠国待遇原则。他指出正是由于德国在债务和贸易上对美国的歧视,自己才几番拒绝了德国签订贸易协定的

---

① Edgar Nixon, ed., *Franklin Roosevelt and Foreign Affairs*, 1933 - 1937, Vol. II, pp.283 - 284.
② Ibid, pp.287 - 288.
③ Ibid, p.314.
④ Patrick Hearden, *Roosevelt Confronts Hitler*, p.45.
⑤ 遗憾的是,笔者未从已有资料中得到皮克当时也在场的证据。

要求。虽然美国愿意尽早尽快地与所有有意向签约的国家谈判,但是,"德国应该和英国、加拿大以及世界上大多数国家一样被归于暂缓谈判的一类。"他认为美国的压力会使德国屈服,到时"德国将会用现金至少购买50万包棉花,就像她用现金大量购买军备以及重要原材料一样。"①

这次会议对赫尔和皮克之间的争斗具有重要意义。会议后,罗斯福开始逐渐支持赫尔一方。然而罗斯福并不像赫尔回忆录中提到的那样随即撤销了对皮克计划的支持。总统的态度仍不十分明确。19日他对记者表示美德易货贸易协定仍然处于议事过程中。② 作为实用主义政治家的他感到由于赫尔与皮克的争论已经公开,且多数民众尤其是农业利益集团倾向于皮克这一方,此时采取任何大的变动都会引起民众不满。为此,他虽转向支持赫尔,却并未大肆打压皮克,而是对其实行了冷处理,"使其处于沉睡状态,直到被无意识地遗忘"。③

这样,皮克与赫尔的斗争最终以一种近似妥协的方式结束。皮克计划虽被终止,他本人也在1935年11月被免职,然而他关于在制定贸易协定时应该更多地考虑美国国内商业利益的原则却被保留了下来。皮克在被免职后,开始公开攻击RTA法案和罗斯福政府的贸易政策,并在1936年出版了有关的书籍。从国内政治上来看,RTA在30年代进展缓慢正是由于皮克原则继续在起作用。赫尔和国务院虽然摆脱了皮克并强化了对贸易政策的主导权,但却不能将外交置于商业考虑之上行事,他必须更多地考虑国内因素的制约。

尽管赫尔在会议上强调的无条件最惠国待遇,以及美巴贸易谈判可能由于对德易货协定的签署而中断等经济考虑是罗斯福立场转变的重要原因,但促使罗斯福转向支持赫尔的更深层次原因在于其对日益恶化的国际局势的考虑。1934年年底,令罗斯福及其政府最在意与头疼的是如何缓和日益紧张的国际形势。罗斯福也多次在公众场合提到世界战争爆发的可能性。④ 为此,美国政府一直忙于让美国加入国际法庭的准备工作,但最终遭

---

① Edgar Nixon, ed., *Franklin Roosevelt and Foreign Affairs*, 1933 - 1937, Vol. Ⅱ, pp.319 - 322.
② Ibid, p.324.
③ Patrick Hearden, *Roosevelt Confronts Hitler*, p.45.
④ Edgar Nixon, ed., *Franklin Roosevelt and Foreign Affairs*, 1933 - 1937, Vol. Ⅱ, pp.311 - 314.

到失败,未能使其在孤立主义主导的国会中通过。在这种情况下,赫尔多次对罗斯福强调 RTA 法案就是为了对付德国、日本等不守规则的国家并可以促使其按美国的方法行事。信心满满的赫尔无疑给罗斯福提供了一种比可能政治干预更有效的手段以维护和平。[①] 性格强调实用而又没有其他办法的罗斯福,此时只能以 RTA 作为经济外交手段。而皮克及其计划无论如何也不能提供这样的政策选择。因此,这才是罗斯福转向赫尔及冷处理皮克的深层原因。

三、小结

　　尽管经过激烈的斗争,以 RTA 作为经济外交手段来维持世界和平的政策初步确立,然而美国政府内部这场围绕无条件最惠国待遇原则斗争的结局在本质上却是一种妥协,是罗斯福由皮克转向赫尔,但皮克的某些原则又未被彻底放弃而形成的一种妥协。皮克虽然被逐出政府,保守利益集团对政府的影响却丝毫未有减少,任何一项 RTA 谈判都必须要认真考虑国内经济利益的需求。这充分体现了美国政府的平衡制约政治传统。正是这样,无论是美德还是美巴都未成为 RTA 法案通过后的第一个贸易协定。与德国的贸易协定计划被抛弃尚在情理之中,然而赫尔打算作为典范的美巴贸易协定也直到 1936 年 1 月才签署。这一妥协为斗争双方都留下了余地。赫尔虽得以继续开展其以 RTA 谈判为基础的构建多边自由世界秩序的宏伟计划,但也必须更多地顾及国内利益。

　　综上,主要有两方面因素导致了这一状况的出现。首先,动荡不安的国际形势使原本已打算满足于狭隘经济利益的罗斯福不得不考虑应对之策。这一国际形势正是皮克打算与之签约的德国等国家退出国联、整军备战所导致的。罗斯福对这一变化忧心忡忡却又由于政治孤立主义而拿不出好的办法。在这种情况下,国务卿赫尔等人以 RTA 法案原则为基础,"维持现状"而不与纳粹政府签订贸易协定,以促其倒台。正是这种经济外交考虑使实用主义的罗斯福完成了由支持皮克到赫尔的转变。

---

① 赫尔等人后来在提起此种政策选择时说明了其这样做的根本考虑,那是因为他们认为在德国的侵略时,实施 RTA 比废除中立法更容易获取大众的支持。美国民众也更愿意支持这个领域内的国际合作。见 Richard Gardner. Sterling-Dollar Diplomacy, p.8。

其次,从国内层面来看,美国作为一个经济大国需要的不是皮克那种双边易货贸易制度,而只有赫尔和RTA法案所代表的多边自由贸易制度才能满足美国的利益需求。这也标志着自 1934 年 RTA 法案通过后,罗斯福政府新政外交政策开始从最初的摸着石头过河阶段逐渐融入以门户开放原则为标志的美国外交政策主流。新政初期的试验性质曾使得政府内汇聚了各种各样的声音。作为美国最高领袖的罗斯福倾向于在多种可能的解决方案中寻求一条实用的路径,并根据具体情况变换自己手中的砝码。他内心里也许认同赫尔的方案,但又不得不迫于具体情况采取一些非常手段,将莫利和皮克这样的经济民族主义者安排在政府重要部门。而随着赫尔与皮克权力斗争的结束,以及美国政府逐渐重新确立了以门户开放促进世界和平的外交方针,罗斯福从半推半就转向倾力支持赫尔的多边自由国际体系计划,"当罗斯福的战略还不固定之时,皮克就能在其中找到位子。但随着新政步入正轨,固执的莫林公司老板就必须被抛弃了"①。

---

① John Hicks, "Reviewed Works: George. N. Peek and the Fight for Farm Parity by Gilbert Fite", *The Mississippi Valley Historical Review*, Vol.41, No.2, (Sept, 1954), p.360.

第四章　RTA 法案作为经济外交政策的执行：美德美英谈判

　　"我认为没有基于公平交易和平等待遇的世界贸易,国家内部与国家间就不可能存在安全与稳定。……我认为一个国家与世界其余部分的脱离必然会导致对整个国民生活严格控制,压制人权以及全民备战和挑衅其他国家(等现象)。"[1]这段演讲发表于 1938 年 11 月 1 日,即慕尼黑协定签署后的一个月,赫尔在全国外贸大会上做的题为《贸易协定之前景》的报告,这事实上给其这一时期的经济外交政策做了一个总结。两天后,他就接受英国的提议并亲自出面签订了美英互惠贸易协定。

　　美国与德国和英国的 RTA 对话和谈判都是在世界局势危机四伏的情况下展开的。面对战争威胁,赫尔等人认为通过以非歧视及最惠国原则为基础的 RTA 法案在开放门户的同时,维持世界和平也是行得通的。1935 年至 1938 年也是赫尔试图以 RTA 法案为经济外交工具谋和平、缔霸权的高潮期。由于世界经济尚未从危机中恢复,很多国家都不愿与美国签署 RTA 并降低关税。截至 1936 年为止,美国仅仅与其 9 个最大的出口对象国中的 3 个签署了 RTA。德国、日本和意大利等"二战"重要策源地国家都未与美国签约。与美达成互惠贸易协定的主要是南美国家,因为他们对美国原材料出口并不会危及美国国内的产业。[2]

　　本章将重点围绕这段时期美国以 RTA 谈判为基础维持及重塑世界秩

---

① Warren Kimball, "Lend-Lease and the Open Door: The Temptation of British Opulence, 1937 –
1942", *Political Science Quarterly*, Vol. 86, No. 2, Jun. 1971, p. 235.
② Douglas Irwin, *Clashing over Commerce: A History of US Trade Policy*, p. 438.

序的过程,以德国和英国为案例来探讨和分析这一政策的得失及其原因。通过这一章的研究,笔者发现,至少是在贸易问题上,这段时期内,美国政府在与他国进行 RTA 谈判的过程中不但没有以国际政治形势紧张为理由在国内获取或试图获取支持,反倒是多次由于国内因素的阻挠使 RTA 谈判断断续续、走走停停。美国政府能够成功利用紧张的国际政治形势来加强在贸易谈判等问题上的权力的这种现象,是在"二战"爆发后才出现的。

一、1935 年后美国政府经济外交政策大构想

1935 年初,在赫尔及国务院的带动之下,美国政府形成了一定程度上的共识,即美国应该凭借其优势的经济力量来解决当时的国际危机和构建多边自由国际体系。作为新秩序设计师的赫尔于 1935 年 5 月 20 日发表公开演说表明以非歧视原则和平等待遇为基础构建自由国际体系的根本目标,"世界不会和平也不会富裕,直到我们重建国际经济秩序。"8 月,赫尔坦承其之所以出任国务卿一职是出于这样一种强烈愿望,即"重建合理的国际关系以实现全面而健康的经济富裕"①。

随着美国经济形势的逐渐好转,罗斯福越来越关心日益恶化的世界形势。他在 1935 年年度国情咨文上特别强调:"维护世界和平是一件我们深深而无私地关心着的大事,我们不懈及不可否认地阻止武装冲突的意愿近来已越来越充分地体现出来。"②在具体政策上,罗斯福与赫尔不同,"他不喜欢过于关注经济事务,而是更多地对世界政治和权力斗争感兴趣。"③然而由于美国孤立主义势力阻挠,尤其是美国加入世界法庭的计划因 7 票之差不足法定的三分之二多数被否决后,罗斯福意识到其能选择的外交手段并不多,赫尔以 RTA 法案为核心的经济外交计划是其为数不多的选择之一。另外,支持赫尔的计划使罗斯福获得了美国商业精英人士的支持,从而更易于竞选连任。许多商业人士都因为民主党反对高关税而放弃了共和党。正如后来掌管美国对外经济政策的威尔·克莱顿所说,"投罗斯福总统的票就是

① Patrick Hearden, *Roosevelt Confronts Hitler*, p.46.
② Edgar Nixon, ed., *Franklin Roosevelt and Foreign Affairs*, 1933 - 1937, Vol. Ⅱ, p.334.
③ Warren Kimball, "Lend-Lease and the Open Door: The Temptation of British Opulence, 1937 - 1942", p.235.

投票支持赫尔继续任职。他的工作刚开始取得成效，并将给美国和世界带来无止境的利益。"①在这种情况下，罗斯福多次发表讲话支持赫尔的政策。他认同赫尔的基本战略构想，即消除国际贸易中的歧视性措施以重整国际贸易和恢复国内经济，他认为世界贸易受到了保护性关税、进口限额以及其他限制性手段的破坏，"有利于所有国家的世界贸易应当免于任何歧视性措施，应当恢复公平及友好的贸易措施。"②

此时美国国内尤其是东部工商业利益集团在构建自由国际体系以及美国必须在其中充当重要角色等问题上与赫尔的观点基本一致。美国越来越多的商业和社会精英开始认同赫尔的观点，即贸易失调导致战争。这些人认为凭借丰富的资源、雄厚的经济基础以及卓越的科学技术，美国应当在构建和平和富裕的国际秩序中占据头把交椅。在这一国际体系中，RTA 法案提倡的平等待遇和非歧视原则必须得到贯彻。摩根公司合伙人托马斯·拉蒙特在 5 月 3 日致赫尔的信中表示美国将是贸易自由化之后获益最多的国家，"凭借其无垠的自然资源和经济生产能力，美国从大肆增长的海外贸易中所得将远多于从细微的国内销售中所失。"③

从 1935 年开始，美国政府内部与美国东部工商业利益集团之间基本形成了一种共识，那就是美国可以通过在全世界推动 RTA 协定，实现贸易自由化来处理国际政治危机，同时还可以帮助构建多边的、非歧视的国际经济政治体系。美国政治精英认为，"如果商品不能跨越国境，军队就将取而代之。"④赫尔甚至在私人谈话中指出，"RTA 协定只有 5％的部分有经济意义，其他 95％的部分都是政治或心理上的意义"。⑤ 在这样的政策思维下，以 RTA 作为经济外交武器来解决国际政治危机使罗斯福政府避免了在政治参与甚至动用武力以及无所作为的两难间做出选择。美国政府认为，与德国谈判 RTA 协定，满足德国在经济上的一些要求，既可以维护世界和平，也能起到开放门户的作用。而对于美英 RTA 谈判来说，美国政府同样也怀抱了维护世界和平与开放门户、树立霸权的目标。

---

① Patrick Hearden, *Roosevelt Confronts Hitler*, p.50.
② Ibid, p.47.
③ Ibid, p.50.
④ Francis Sayre, "The Question of Self-Sufficiency", p.134.
⑤ Douglas Irwin, *Clashing over Commerce: A History of US Trade Policy*, p.447.

二、美德关于 RTA 的对话

纳粹德国是少数几个未能与美国签订 RTA 协定的大国之一,但美德两国之间,却在 30 年代中期进行了为期数年的有关谈判。且与德国的谈判一直被置于美国经济外交政策的重要位置,深受赫尔重视。对这个问题,学界目前很少研究,尤其是缺乏对美国与纳粹德国正在构建的对抗性体系进行竞争的研究。对德贸易谈判的失败,使得美国政府将德国视作了制度上的根本敌人。就连政府内绥靖派的代表,副国务卿韦尔斯(Sumner Welles)也认为,德国贸易政策若继续,将"会损害美国的任何贸易协定以及其政策的根本准则"。① 双方对话失败不仅反映了 RTA 本身的特点,还对美国外交政策的发展造成了重大影响。

1. 探路之行:富勒访德

美德进行有关 RTA 问题的协商是在纳粹德国意欲挑战和改变欧洲国际关系现状的背景下展开的。1935 年开始,纳粹德国加快了重整军备的步伐,对世界和平造成了重大威胁。1 月份萨尔地区通过公投加入德国,3 月9 日,戈林在接受每日邮报记者华德·普莱斯采访时宣布德国已经拥有空军,从而公开废除了《凡尔赛条约》中限制德国军备的条款。16 日,希特勒宣布德国政府已重新实行征兵,并将在和平时期拥有一支 36 个师的武装部队,大约 50 万兵力。同时德国经济民族主义的态度依旧强烈。不管是希特勒还是沙赫特都不愿放弃通过特殊贸易手段增加出口、扩充军备的战略。10 月份德国正式废除了 1923 年与美国签订但现已到期的附有最惠国待遇条款的德美贸易条约,并打算以此威逼美国与其签署附和德国原则的条约。

德国的一系列举动让美国政府感到紧张和按计划尽快行动的必要性。萨尔公投后,美国驻意大利大使朗写信给罗斯福建议其向使馆发放防毒面具,并称"战争必将来临"②。驻德大使多德警告:"罗斯福今年必须在纷繁复杂的欧洲问题上采取行动,否则只有投降。"③多德在其传回国内的一系列电

---

① 因为,"要应对这种竞争,世界各国政府必须对其私人企业进行看管",参见:"The Under Secretary of State(Welles)to the German Ambassador(Dieckhoff)",Foreign Relations of the United States(FRUS),1937,Vol. Ⅱ,pp.333 - 337.
② 阿诺德·奥夫纳著,陈恩民等译:《美国绥靖:美国外交政策与德国,1933—1938》,第 139 页。
③ William Dodd,*Ambassador Dodd's Diary*,p.210.

报中表明美国政府目前有可能就经济问题与德国达成协议，以此实现维持和平的愿望。4 月 5 日，多德与赫尔通电话，表示希特勒、戈林和戈培尔等人应该对当前的紧张形势负责。但由于沙赫特的努力及德国人民不想要打仗，当前还不会爆发大战。[1] 5 月 17 日，多德在给赫尔的信中指出纳粹政府内部存在以沙赫特、牛耐特、克罗西克和布伦伯格为代表的稳健派（Conservative elements）与戈培尔及罗森堡等党内激进派（Extreme Party element）之间的斗争。[2] 他认为，稳健派仍然在政府内起着重要作用，"尽管激进派常常成功地使政府采取激进措施，而稳健派也成功地使这些政策在实际操作中有所节制。"[3]21 日，希特勒在国会演讲中指出"德国需要和平，希望和平"，这使多德认为希特勒是偏向和平一方的，"希特勒看上去是诚挚坚定的，因此他肯定不是在愚弄我。"[4]

希特勒执政初期，并未直接管理和干涉德国的经贸事务。沙赫特是此时德国对外贸易的主要负责人。作为德国经济部长的他保守但不激进，是德国政府内著名的国际派人物，不仅亲自参与了 20 年代德国与西方国家的几次经济会议，还结识了众多英美银行家、商人和政治上层人士，被称作"唯一受到英美金融界注意的德国人。"[5]沙赫特与纳粹激进派不同，他之所以支持扩充军备不是为了对外发动战争，而是以此恢复德国经济，"使生产要素物能尽其用，并消除失业"。[6] 沙赫特认为，自给自足相当于"割喉自杀"[7]，德国最终还是要回归到正常的世界体系中，其经济政策从根本上是使德国重新成为一个国际经济强国而非纳粹渴望的自给自足的封闭国家。为此，沙赫特曾多次向西欧诸国表示德国目前的困境是由难以获得世界贸易市场导致的。只要德国获得了一定数量的殖民地，满足了原材料需要，就会重新融入世界经济。另外，通过与英美接触也能增强其在纳粹政府内的地位。

---

① 　William Dodd, *Ambassador Dodd's Diary*, p.231.
② 　"Letter from The Ambassador in Germany (Dodd) to the Secretary of State", May 17, 1935, FRUS, 1935, Vol. II, p.266.
③ 　Ibid, p.269.
④ 　William Dodd, *Ambassador Dodd's Diary*, p.246.
⑤ 　约翰·韦茨著，张禹九译：《希特勒的银行家》，光明日报出版社 2000 年版，第 81 页。
⑥ 　Amos Simpson, "The Struggle for Control of the German Economy, 1936 - 1937", *The Journal of Modern History*, Vol.31, No.1, Mar.1959, p.39.
⑦ 　Ibid.

尽管如此,为了迅速稳定和恢复德国经济,沙赫特在对外贸易中采取了大肆构建排他性的双边易货贸易协定的办法,以提振德国的出口。德国政府不仅通过各种形式对与美国企业竞争世界出口市场的德企进行补贴,还在外贸领域出台了阿斯基马克(ASKI-Mark)制度。外国若想出口商品到德国,则必须同意德国进口商通过德国银行确定的一个专门账户进行交易。同时,其通过出口所挣得的钱也只能购买德国的商品,且不能兑换成美元等外汇转移出德国。[1] 在这种制度下,德国与中国及中美、南美等地区国家达成了贸易协定。[2] 德国因此也获得对华出口的大量增长,并使得中国对德贸易入超扩大。[3] 在美国的 RTA 法案签署后,德国在 1935 年 10 月份甚至正式废除了 1923 年与美国签订的附有最惠国待遇条款的德美贸易条约,并打算以此威逼美国签署服从德国的贸易原则。可以说,这些构建封闭性经济区的做法完全和双边协定、多边互惠的 RTA 法案精神相违背,成了其竞争者。

2. 德美有关贸易问题的初步接触

为了回应德国废除德美贸易条约的行为,美国将德国放进了贸易黑名单之列,并规定美国任何通过 RTA 谈判自动惠及他国的好处德国都不能享有。然而,国务院却始终在考虑将德国也纳入 RTA 体系中。1935 年年初以来,赫尔和国务院诸君多次或明或暗地指出,一旦德国遵守无条件最惠国待遇原则,美国就会与德国重新签订贸易协定。美国政府认为,这样做对维护世界和平有利。3 月 28 日,赫尔对德国驻美大使路德表示,德国政府现在有个前所未有的机会去领导西欧恢复正常的政治、社会与和平关系。他反复强调这一机会非常容易失去,因此,"需要一个有决心的人,全心全意地追求国际事务、政治、经济与和平的稳定,这样才能成功。"[4]4 月 4 日,RTA行政主管萨伊尔与路德会谈时表示,"一旦德国接受平等待遇及最惠国待遇原则,我们今晚就能签订协议。"[5]30 日,他再次对路德暗示,德国能找到缓

---

[1] Michael Ebi, *Export um jeden Preis*,*Die Deutsche Export förderung von 1932 - 1938*, Stuttgart: Franz Steiner Verlag,2004, p.187.

[2] Ibid, pp.188 - 189.

[3] 周建明:《民国时期的中德贸易》,《中国经济史研究》,2007 年第 1 期,第 132—141 页。

[4] "Memorandum by the Secretary of State", March 28,1935, FRUS,1935,Vol. II ,p.319.

[5] Patrick Hearden, *Roosevelt Confronts Hitler: America's Entry into World War II*, p.66.

解当前紧张形势的办法,那就是接受平等待遇和最惠国原则,"这样的和解必须建立在我国计划的基础之上。"①

在得知美方有意商讨新的贸易协定之后,沙赫特也发出了一些积极信号。7月5日,沙赫特在巴黎与出席国际商业联合会大会的美国代表团团长沃特森举行了会谈,并表示支持赫尔旨在消除国际贸易壁垒的贸易计划。② 8月份,他通过路德对赫尔表示,"沙赫特博士等人明确地认识到德国有时使用的双边贸易伎俩确实是有害无益,而且他们都非常支持美国现行的经济计划(指 RTA),一旦条件成熟德国政府将宣称其对此计划的兴趣。"③随后,美国政府也开始收敛起过去在对德贸易问题上的强硬态度。去年还坚决反对与德国协商贸易协定的驻德使馆商务参赞米勒也开始与德国商谈有关德国购买 60 万捆美国棉花等事项。④

经过这些前期交流,罗斯福和赫尔决议派遣在德国及欧洲其他地区拥有大量投资的商人富勒出使德国,以了解详细具体的情况。罗斯福在写给多德的信中表明,富勒访德除了接触希特勒之外,主要是为了与德国稳健派代表人物沙赫特进行联系。⑤

德方最初的回应比较积极。1935 年 9 月 17 日,沙赫特发表演讲,表示德国应该用经济而非军事手段解决争端,"如果我们被认为行动像野人,就会使我们受到损失,因为外国人不愿与我们做生意。"⑥6 天后的 9 月 23 日,沙赫特与富勒在美国驻德使馆进行了秘密会谈。沙赫特表示德国的经济问题在于其不能获得充足的原料,也没有足够的外汇储备。因此德国需要建立一个马克经济区以获取原材料,并必须拥有殖民地。同时,他还向富勒直接表示了想与美国签订附有最惠国待遇的 RTA,甚至表达了亲赴美国谈判的愿望。由于沙赫特一直以来都以倡导双边易货贸易著称,这让富勒都感

①　Patrick Hearden, *Roosevelt Confronts Hitler: America's Entry into World War* Ⅱ, p.66.

②　Edgar Nixon, ed., *Franklin Roosevelt and Foreign Affairs*, 1933 - 1937, Vol. Ⅱ, Cambridge: Belknap Press of Harvard University Press, 1969, pp.550 - 551.

③　Ibid, pp.82 - 83.

④　William Dodd, *Ambassador Dodd's Diary*, New York: Harcourt Brace, 1941, p.254.

⑤　Edgar Nixon, ed., *Franklin Roosevelt and Foreign Affairs*, 1933 - 1937, Vol. Ⅱ, p.541.

⑥　约翰·维茨著,张禹九译:《希特勒的银行家》,北京:光明日报出版社 2000 年版,第 194—195 页。

到吃惊。① 沙赫特为了争取美国支持其殖民地要求,甚至愿意以签订最惠国原则为基础的贸易协定作为交换。

沙赫特的回应让美国政府十分满意。1935 年 12 月 2 日,罗斯福在一封私人信件中夸奖了纳粹的成就,"由于沙赫特魔术般的政策,德国看上去正在从破产的状况中走出,这为其赢得了国际银行家的赞誉。"在这封信中,罗斯福强调了美国解决国际危机的意愿,"以美国的政策作为榜样,我们能使人们思考并获得拯救自己命运的机会。"②1936 年 1 月 3 日,罗斯福在对国会发表的国情咨文中指出:"那些寻求对外扩张,寻求纠正由于过去的战争导致的不公正、寻求贸易市场、寻求人口或者渴望以他们自己和平的方式对文明进步做出贡献的国家目前显得耐心不足,不愿通过和平协商或诉诸世界平等的理念去寻求合理合法的目标。"他最后表示,"美国政府将以身作则,使用所有合乎规范的手段来劝说世界各国重归和平与信任"。③

在这种情况下,富勒第二次前往柏林,并在 4 月 1 日与希特勒进行了会谈,由沙赫特任翻译。谈判的主题仍旧是殖民地问题,富勒推荐以比属刚果作为德国的原料产地,而德方想要的是喀麦隆。④ 在富勒后来写给罗斯福的备忘录中,他指出目前与德国进行 RTA 对话是合理的。希特勒并不想立即发动战争,而是渴望待价而沽的谈判。美英应该努力减轻德国的负担,要实现持久和平"就需要采用国务卿所提出的以最惠国原则为基础的互惠贸易法案","由于其避免了美国的政治参与,因此这事实上是美国目前为维持和平所能使用的唯一之计"。⑤

大约同时,德国正式向美方提出了进行 RTA 谈判的请求。3 月 30 日,德国驻美大使馆一秘迈尔对美国国务院贸易协定司司长格拉迪表示,德政府已要求与美国商谈附有无条件最惠国待遇的互惠贸易协定,并提出了具

---

① "Memorandum by Mr. S. R. Fuller, Jr., of a Conversation With Dr. Hjalmar Schacht Minister of Economics and President of the Reichsbank of Germany", September 23, 1935, FRUS, 1935, Vol. II, pp. 282 - 286.

② Edgar Nixon, ed., *Franklin Roosevelt and Foreign Affairs*, 1933 - 1937, Vol. III, pp. 102 - 103.

③ Ibid, pp. 152 - 156.

④ Ibid, p. 293.

⑤ Ibid, pp. 291 - 293.

体建议。在当晚写给国务院的备忘录中，格拉迪表示这一请求似乎体现了德国从双边贸易中走出的意愿。① 4 月 3 日，驻德大使多德也从德国人那里收到了类似的信息。② 在今后一段时间中，德美之间有关 RTA 的谈判主要由两国大使馆负责进行。

3. 德美谈判的正式开始、进展及失败

在正式协商开始后，德美双方出现了激烈的争论。首先，美方认为，谈判的前提是德国必须先行转变现行的贸易政策。德国并未废止歧视性的贸易政策，其提议中仍然保留了以阿斯基马克及其他补偿措施作为支付手段的条款。国务院担忧，"他们（德方）会通过怎样的具体手段作为其增加从美国进口商品的支付呢？"③赫尔对德国驻美使馆官员强调，在美国宁愿为自由贸易政策牺牲自身利益的情况下，不希望看到那些执行狭隘商业政策的国家只是为了眼前利益暂时服从这一政策，那将会是灾难性的。因此他希望德国能像美国那样全面实行自由商业政策。④ 他认为，一旦这份协定是建立在平等待遇原则以及最惠国待遇基础之上，美国的 RTA 体系就将"在条件和情形允许的时候囊括德国入内"⑤。"美国贸易政策的根本原则必须得到承认与实施。"⑥总之，经过充分评估后，美国要求德国必须全心全意地忠实于 RTA 的基本规则方能正式开展谈判。

而德方的要价则完全相反，在谈判中提出以归还殖民地和其他国家首先开放市场为谈判的先决条件。1937 年 1 月，作为纳粹德国政府官员的沙赫特获准在美国著名的国际主义杂志《外交事务》上发表文章阐明德国的贸易政策。他指出，没有德国的繁荣也就没有欧洲和世界的繁荣，"如果德国能靠获得它自己的原料来源而发展了经济，这就会有助于刺激世界贸易的恢复。……它不仅会提高德国人民的生活水平，而且将提高整个工业世界

①　"Memorandum by the Chief of the Division of Trade Agreements (Grady)", March 30, 1936, FRUS, 1936, Vol. Ⅱ, pp. 221 - 222.
②　"Letter From The Ambassador in Germany (Dodd) to the Secretary of State", April 3, 1936, FRUS, 1936, Vol. Ⅱ, p. 223.
③　国务院所做的分析报告具体见 FRUS, 1936, Vol. Ⅱ, pp. 224 - 225.
④　"Memorandum by the Secretary of State", May 4, 1936, FRUS, 1936, Vol. Ⅱ, pp. 225 - 227.
⑤　"Memorandum by the Secretary of State", January 25, 1937, FRUS, 1937, Vol. Ⅱ, p. 329.
⑥　"Telegram From The Ambassador in the United States to the Foreign Ministry", January 25, 1937, Documents on German Foreign Policy(DGFP), Ser. C, Vol. 6, London, 1983, p. 332.

的生活水平。"他明确指出,美国应该鼓励经济绥靖的行动。在其他国家满足德国的经济公平要求以前,德国是不会放弃自给自足的。① 同年2月,沙赫特表示只有西方国家给予德国经济好处并以殖民地为代价时,希特勒才会坐下来谈判。那时,自给自足和出口补贴等非常贸易措施都将被废止,而德国也将真正地限制其军备扩充。②

德美双方的贸易协商还涉及其他国家,因此这其实是个相当复杂和难以立即解决的问题。例如,即使美国同意,德国提出的归还殖民地要求也是美方不能直接做到的。由于美国本身并无多少殖民地,因此这就需要美国促使拥有大量殖民地的英法等国给予其殖民地和开放市场,这也涉及到美国正在和英国等商谈的RTA。打破帝国特惠制事实上是赫尔的一贯目标,他一直将此与德国融入自由世界经济体系和争取和平联系起来看待。1936年10月他就曾对英国大使林赛指出开放世界市场使德国重新富裕起来的必要性,"任何有理性的人都能判断,6 500万德国人民,在无食无衣也没有足够的原材料的情况下会无限期地坐在那里(等待)苦难和形势继续恶化吗?"③1937年1月底,在英美两国就RTA进行的首次高级会谈中,赫尔要求英国发表一个自由贸易声明,使德、意等国感到这个声明的好处而出于自身利益考虑加入。他认为,"一旦轴心国家开始在经济上合作,解决政治问题的谈判就将大大地开启"。④ 然而,无论是归还殖民地还是开放市场,当时的英国都不会轻易就范。因为这其实涉及美英的世界霸权争夺问题。⑤ 因此,德国的要求很难达到。

纳粹政府的谈判意愿对德美RTA谈判的成败也极为重要。纳粹执政初期,希特勒对德国经贸事务的掌控主要交由沙赫特等人。而此时沙赫特等稳健派却逐渐在纳粹政府内部失势,德国谈判的意愿显得多变且不确定。希特勒于1936年3月令党内以听话著称的戈林负责石油问题。4月又任命其为外汇与原材料委员会主任,从而公开与沙赫特争权。希特勒和戈林认

① 麦克唐纳著,《美国、英国与绥靖》,北京:中国对外翻译出版公司1987年版,第14页。
② Patrick Hearden, *Roosevelt Confronts Hitler*, p.107.
③ "Memorandum by the Secretary of State", October 22, 1936, FRUS, 1936. Vol. I, p.689.
④ Cordell Hull, *The Memoirs of Cordell Hull*, pp.524-526.
⑤ 国内对此时美英有关谈判的研究,参见张振江:《从英镑到美元:国际经济霸权的转移,1933—1945》,北京:人民出版社,2006年。

为自给自足能够减轻德国对国外进口的依赖,更能为其节省当前急需的食物进口从而增大对扩展军备的投入。为此,他们要求增加人造塑胶、铁、脂肪、纺织品及轻金属的产量,如果有可能的话使其实现 100% 的自给自足。5 月 12 日,戈林对沙赫特强调,德国绝对不能限制重整军备计划,哪怕由此引起外汇短缺与通货膨胀。沙赫特表示自己绝不会支持该计划。① 9 月 9 日,希特勒在纽伦堡党大会上正式公布了其整军备战,获取生存空间的四年计划,他明确指出,"德国军队应在 4 年之内为作战做好准备,他们应该被利用于一种由德国通过领土扩张来解决其食物和原料长期需要的战争。"②10 月 18 日,希特勒正式签署并任命戈林全权负责这一计划,在四年内将德国经济处于备战状态。③ 这一计划开始了纳粹德国经济的新时期。

在这种情况下,德国要满足美国的条件,放弃双边易货贸易并遵从无条件最惠国原则显得更加困难。1937 年初希特勒表态反对沙赫特等人提出的,德国出席日内瓦国际原材料委员会会议的提议。④ 2 月 10 日德国外交部的一份文件表明,戈林等人正在加紧通过各种双边歧视性手段获取战争所需的物资。⑤ 4 月 15 日,德国银行主管之一的布林克曼对美国驻柏林副领事福克斯表示,鉴于德国目前虚弱的经济状况,德美两国之间不可能达成一个公正的贸易协定,因此德国将通过特殊手段进口所需农产品。⑥

与此同时,美国国内舆论对于纳粹政府的贸易政策多持批判态度,这也限制了政府对德谈判时所能够做出的妥协程度。《纽约时报》多次刊文指出德国的易货贸易政策会对美国经济和贸易体系造成的损害。⑦ 主要出于美国民众对纳粹德国的强烈不满等因素,美德 RTA 谈判始终是秘密进行的。

① Amos Simpson, *The Struggle for Control of the German Economy, 1936-1937*, p.38.
② 格哈德·温伯格著,何江等译:《希特勒德国的对外政策》上册,商务印书馆 1992 年版,第491 页。
③ Amos Simpson, *The Struggle for Control of the German Economy, 1936-1937*, p.39-40.
④ "Minute by the Director of the Economic Policy Department", January 12, 1937, *DGFP*, Ser.C,Vol.6,p.283.
⑤ "Letter From The Reich Federation of Industry to the Foreign Ministry", February 10,1937, *DGFP*, Ser.C,Vol.6,pp.395-398.
⑥ "Letter From The Consul General of Berlin (Jenkins) to the Secretary of State", April 15, 1937, FRUS,1937.Vol.Ⅱ,pp.329-330.
⑦ "Trade board issues new aski mark rules", Jan.30,1936, New York Times; "Germany may gain business in Brazil", Nov.12.1937, New York Times.

即使美德在上述因素中都能够达成一致和妥协,两国贸易政策上难以调和的根本分歧也会阻碍一份新贸易协定的签署。RTA本身是个扩张性的协定体系,它要求美国最大限度地扩展其协定范围,以实现全球范围内的门户开放,否则这一体系本身便不能继续运作。这种在国际政治经济学里被称为"自行车理论"以及"出口政治"的性质正是授予总统商谈贸易协定的1934体制的根本原则。① 英国的帝国特惠制虽然也属于经济民族主义的范畴,采取对内减免、对外排斥的方式构建专属的贸易区域,但仍然保留货币交易而非易货贸易,从而使得三边或多边贸易成为可能。而德国以阿斯基马克为基础的易货贸易体系则完全排除了多边贸易的可能性,严重威胁了任何意义的世界多边自由贸易的复兴。这是力图以RTA树立自由贸易大旗的美国所坚决不能接受的。

因此,虽然国务院渴望与德国达成RTA,但其短期目标(维护世界和平)与长期目标(扩大RTA体系,以实现美国的全球经济霸权)存在着巨大的矛盾。任何为维护和平所牺牲的自身利益都不能妨碍这一长远目标及美国贸易协定体系运行。这是以RTA为主进行经济外交的最大矛盾。萨伊尔在论及德美贸易问题时曾说过一句经典名言,他认为双边歧视性贸易制度与基于无条件最惠国待遇原则的贸易制度正在世界各地相互竞争,"世界太小而不能同时容纳两者,因此最后必定是一方战胜另一方。"他明确指出,德国正是他指的那种国家,正在拉美与美国进行斗争。②

此时德国的贸易政策已完全对美国构成了挑战、竞争之势。沙赫特通过签订双边易货贸易协定将德国的对外贸易重心转向了中国、东欧和南美。在这样的协定中,德国同意对这些国家大量的农矿产品开放市场,当然前提是对方也必须购买德国的产品。而一旦这些国家与德国签署易货贸易协定,就不得不继续依赖和德国做生意。在世界经济贸易没有完全恢复的情况下,沙赫特的这一招屡试不爽,德国出口占世界总出口量从1934年的

---

① 笔者注:"自行车理论"指贸易体制需要不断前进(即不断自由化),否则其便会倒下,屈服于新的进口限制。"出口政治"指美国政府为消解国内利益集团的压力,将主要精力放在增加出口事务上,以开辟海外市场。对1934体制性质及特点的详细解释,参见戴斯勒著、王恩冕等译:《美国贸易政治》,北京:中国市场出版社,第11—37页。

② "Memorandum by the Assistant Secretary of State (Sayre)", January 26, 1937, FRUS, 1937, Vol. Ⅱ, p.6.

4.3%上涨到 1936 年的 8.7%。[①]随着这一体系的不断发展壮大,它成了纳粹增加出口与获取原材料的主要手段,连作为发明者的沙赫特也难以对其稍作改动。

德国与南美的巴西、阿根廷、智利及乌拉圭等国签署了双边易货协定尤其挑战了美国在当地的传统出口利益。双方在巴西的争斗尤为突出。自 1934 年德国以威逼利诱的方式迫使巴西与其签署了双边易货贸易协定之后,1934 年到 1937 年德国商品占其进口总量的比例由 14.02%上涨到 26.03%,而同期美国的比例则由 23.67%下滑到 21.02%。[②]考虑到美国已在 1936 年和巴西签署了 RTA,这样的结果就更不能让国务院接受。这也在美国民众及朝野内引发了强烈的不安情绪。多德分别对罗斯福及赫尔指出:"希特勒是想将美国赶出拉丁美洲。"[③]国务院拉美司的黑斯指出,美国必须使用各种手段阻止巴西与德国签署"进贡式的"易货协定。政府顾问菲斯 1936 年 7 月指出:"在某些情况下,美国出口贸易不能持续与这个(德国)体系竞争。"[④]

对此,美国对外贸易政策总负责人赫尔的态度是矛盾的。他一方面多次表示美国愿意为自由贸易牺牲自身利益,另一方面也表达了对德国在拉美所作所为的不满,声称沙赫特的贸易政策手段正在"有意地取代美国在拉美的贸易。"[⑤]而地位在德国日益不稳的沙赫特也不准备对美让步。1937 年 5 月 20 日,他对多德表示,虽然赫尔的政策比裁军听起来是一种更好的解决方法,然而德国将会继续坚持双边易货贸易政策。他还要求多德证实传闻中美国在计划打压德国对外贸易的消息。因为据称,赫尔已经转告巴西政府,一旦巴西给予德国更多好处,那美国就会停止从其处购买铜或者咖啡。[⑥]

如何应对德国,还使美国政府内部在对德政策上出现了绥靖派与反绥

---

① Patrick Hearden, *Roosevelt Confronts Hitler*, p.70.

② "The Under Secretary of State (Welles) to the German Ambassador (Dieckhoff)", FRUS, 1937, Vol. Ⅱ, p.336.

③ Patrick Hearden, *Roosevelt Confronts Hitler*, p.69.

④ Ibid, p.70.

⑤ "Memorandum by the Secretary of State", May 4, 1936, FRUS, 1936, Vol. Ⅱ, p.227.

⑥ "Telegram From The Ambassador in Germany (Dodd) to the Secretary of State", May 21, 1937, FRUS, 1937, Vol. Ⅱ, p.332.

靖派的分野①。反绥靖派对于赫尔的方法能否对付德国解决危机是没有把握的。例如梅塞史密斯就表示美国政府不应该指望沙赫特能说服希特勒放弃领土扩张计划,他认为沙赫特等人只是其职位的囚徒并没有实质的权力。驻波兰大使约翰·库达西对罗斯福表示:"大灾难也许会被制止一时,然而只要不推翻希特勒政府,欧洲大战就会像太阳升起一样到来。"②1936 年 9 月,已经升任驻奥大使的梅塞史密斯老调重弹写信警告赫尔,对德国忍让迁就并不会缓解当前的危机,"近来人们越来越提及要阻止其重整军备计划就必须对德国经济提供援助,德国确实需要援助以开拓市场,但除非纳粹政府的威胁消除,这种援助就不能带来安全也没人能够实现,所有的援助措施都只是在喂养一头将要吞噬欧洲的怪物"。③

沙赫特的反应让国务院的绥靖派感到恐慌,比赫尔更加坚定支持与德国谈判的副国务卿韦尔斯 5 月 25 日致电多德,认为沙赫特肯定是获得了"不确切的报告",美国政府并不想限制德国和巴西进行贸易。韦尔斯要求其"改正沙赫特的看法",但他不希望多德在与沙赫特的交谈中带有威胁的态度。但是,就连韦尔斯自己也指出,德国商品的激烈竞争使得美国原先能够通过正常的竞争手段控制的领域被取代了。因此,德国与巴西的贸易应该以自由贸易原则为基础,不应使得美国贸易陷入"非经济的竞争"。④

德美两方的相互猜忌情绪不断增长,无论是美国的绥靖派还是纳粹政府里的温和派都逐渐感到双方制度的根本差异难以调和。6 月 30 日,韦尔斯邀请新任德国驻美大使狄克霍夫前来就有关目前美巴两国正在进行的贸易问题协商的性质进行面谈。狄克霍夫借机直接表达了对美国政策的不满。他指出,德国与巴西的贸易只是稍稍超过了战前的数据,并没对美国在巴西的商业利益造成威胁,德国目前的自给自足政策只是为了寻求美国及其他一些贸易大国通过货币贬值所得到的利益。他还威胁,如果美国促使

① 有关此问题的最佳论述见麦克唐纳著,何抗生等译:《美国、英国与绥靖》,中国对外翻译出版公司 1987 年版,第 7—14 页。
② Edgar Nixon, ed., *Franklin Roosevelt and Foreign Affairs*, 1933 - 1937, Vol. Ⅲ, p.295.
③ Patrick Hearden, *Roosevelt Confronts Hitler*, p.81 - 82.
④ "Telegram From The Acting Secretary of State to the Ambassador in Germany (Dodd)", May 25, 1937, FRUS, 1937, Vol. Ⅱ, pp.332 - 333.

巴西限制其与德贸易,德国会完全保留采取自由行动的权力。[①]

韦尔斯当时与狄克霍夫进行的口头对话目前不可考,不过在这份7月份转发给德国人的备忘录中,他更加详细地重述了当时的对话及美国的政策。其观点可概括如下:

(1)美国的贸易政策不是为其自身的狭隘利益服务,如果不推动世界贸易总体增长的话,那就会失败。它绝不会敌视或嫉妒任何国家的贸易扩张,没有使用强迫手段影响巴西和德国的贸易关系。基于平等待遇的美国贸易政策不会使用不公平竞争或经济强制手段。

(2)美国欢迎德国不断表明其支持最惠国待遇原则及消除关税壁垒,然而其现在的政策正在给这一政策增添困难。正是德国在贸易上的一系列限制措施,使美国最高级别的官员在36年对德国产品征收补偿性关税。德国在贸易上实施的与公平竞争相悖,它每年有10亿帝国马克的出口补贴,相当于20%的德国出口产品价值。

(3)要应对这种竞争,世界各国政府必须对私人企业进行看管。因此德国继续其政策将会损害任何美国的贸易协定以及根本原则。[②]

韦尔斯的讲话充分反映了美国绥靖派的矛盾心理。一方面,他希望继续在经济贸易上与德国对话,"消除关税壁垒"并使德国认为进行贸易比战争更有利。然而,美国贸易的自身利益却使他认识到"德国在贸易上实施的与公平竞争相悖","德国继续其政策将会损害任何美国的贸易协定以及其政策的根本准则"。因此,他对德国摊了牌,表明只要德国继续当前的贸易政策就无法与美国协调一致。美国绥靖派的这种矛盾表明,即使是作为权宜的维持世界和平之策而进行双边经济贸易对话协调,自由主义的美国和像德国这样的极权主义国家在经济政治制度上的根本矛盾不可调和。

双方贸易对话陷入僵局,德国国内的经济控制权斗争及结果消除了德

---

① "The Under Secretary of State (Welles) to the German Ambassador (Dieckhoff)", FRUS, 1937, Vol. II, pp.333 - 337.

② Ibid, pp.333 - 337.

国接受美国条件的最后一点机会。在希特勒的支持下,在经济领域影响越来越大的戈林依据 4 年计划,不顾一切地增加财政开支用于重整军备。5月 14 日,德外交部部长牛耐特对多德表示,鉴于德国目前严峻的经济状况,其看不到(签署)一个国际经济协定的必要性。① 在 5 月 20 日致国务院的报告中,多德表示,"改善德美关系的前景已不复存在,这种可能性已经荡然无存。"②同一天,来自驻法大使布利特的信息也似乎证明了这一点,法国总理布鲁姆告诉他,沙赫特最近已经终止了其所有要求获取殖民地的谈判。③ 与此同时,德国政府还正在帮助意大利与东欧一些国家建立一个排他性质的经济区。在德国的帮助下,意大利和南斯拉夫签署了歧视性的贸易协定。④

面对受到阻碍的外交政策和日益恶化的国际局势,赫尔一反平时乐观谨慎的常态,将一脑子怒气统统发在德国身上。5 月 15 日,他对刚刚来到美国的新任德国驻美大使狄克霍夫反唇相讥道,"在("一战"结束)18 年后的欧洲,恢复国际秩序和正常国际关系的唯一基础(竟然)在于极端狭隘、麻烦不断的贸易手段,以及一个疯狂扩展军备的民族。"⑤罗斯福的反应更加激烈,他对赫尔等人推崇备至的经济外交政策表示怀疑。19 日,他对菲利普斯表示"越研究形势我就越相信,从经济的角度来实现和平就像一根十分脆弱的芦苇,是靠不住的",他认为:"这个办法可能推迟战争,但是如果备战进程以目前的速度继续下去,这样的办法怎能阻止战争的爆发呢?"⑥

1937 年上半年之后,德美贸易对话一直处于停滞状态。11 月下旬沙赫特辞职之后,双方的部分官员尽管还在一些场合里提到过这个问题,但这无异于隔靴搔痒,不可能真正地使德国认同或加入 RTA 体系,更不可能起到赫尔等人所希望的维持世界和平的作用。德美双方有关 RTA 的谈判也完全以失败告终。

---

① "Telegram From The Ambassador in Germany (Dodd) to the Secretary of State", May 14, 1937, FRUS,1937,Vol. Ⅰ,p.92.

② William Dodd, *Ambassador Dodd's Diary*, pp.400 – 414.

③ "The Ambassador in France (Bullit) to the Secretary of State", May 20,1937, FRUS,1937, Vol. Ⅰ,p.95.

④ "Memorandum by the Ambassador in Italy (Phillips)", April 9,1937, FRUS,1937,Vol. Ⅰ, p.71.

⑤ "Memorandum by the Secretary of State", May 15,1937,FRUS,1937,Vol. Ⅰ,pp.837 – 838.

⑥ 麦克唐纳著:《美国、英国与绥靖》,第 34—35 页。

4. 小结

美德两国政府在30年代中后期就RTA所开展的一系列不成功的对话与协商至少对美国外交政策造成了两方面的影响。

第一，与德国协商的失败加速了英美RTA谈判的进度，并对英美谈判的结果造成了重大影响。从经济外交本身来说，与德国RTA对话的失败证明了美国国务院直接与德国进行经济贸易对话来将其转化成不好武力的正常国家的尝试是行不通的。于是赫尔更加强调与英国达成RTA协定以维持世界和平的重要性，并试图尽快排除障碍与英国达成协议。英美RTA谈判中，美国之所以没有要求完全废除帝国特惠制，很大原因在于急于达成协定以维持世界和平的赫尔克制了自己的自由贸易理念。这一态度在其1937年7月6日向美国所有驻外使馆及官员发出的一份电报中充分地显现出来。在这份编号2807的国务院外交文件中，赫尔要求这些外交官员向其所在国政府彰示美国国际经济政策的优越性和重要性，使这些国家认为执行这样的计划会推动经济复兴并在此基础上构建持久的和平。他表示其相信这一计划会在不损坏每个国家国内经济的情况下达到，这一计划应该"逐步小心翼翼地开展"，"耐心与适度至关重要"。① 这一政策也充分地反映在了美国与英国的贸易协定商谈中。

第二，也是更具深远影响的，不管国内因素如何，美国政府开始形成一种全球安全观。政府高层开始认为，美国要维护国内的自由主义政治经济制度就必须努力在世界范围内构建同样的制度。随着双方对话的深入以及对德国政治经济制度日益加深的了解，美国越来越认识到极权主义和自由主义这两种制度间的分歧不可调和。经济贸易制度上的不同逐渐被理解为政治制度上的威胁和挑战。尚在与德国对话时期，国务院与德国贸易协商的目的，从维护世界和平逐渐转向了对维持美国国内自由主义经济政治制度的强烈担忧和要求。赫尔及国务院官员越来越强调以RTA协定在世界上建立多边自由贸易制度是对美国国内民主自由制度的最好保证。国务院贸易协定司1937年6月24日的一份备忘录中提到，"要减少世界上的贸易壁垒，比其他事情更重要的就是将德国拉回到自由经济体系中。否则，像中

---

① "The Secretary of State to Diplomatic and Consular Officers", July 6, 1937, FRUS, 1937, Vol. I, p.842 – 845.

东欧和大部分美洲国家这样的世界要地就不会遵从自由(贸易)政策。更为严重的是,德国的模式及其影响将会使尤其像意大利和日本这样的大国脱离自由贸易体系。"①赫尔表示:"如果世界贸易得不到恢复,美国国内就将长期处于政府的严密控制之下。"②萨伊尔也指出:"如果我们选择了一条经济自给自足的道路,那就必然要坦然接受一种与美国传统及信仰不相符的由政府控制私有企业的制度。"③而那就将"敲响我们时代文明的丧钟"④。因此美国逐渐形成了这样一种看法,那就是自由资本主义制度无法在一个国家内独自存活,必须在全世界推动 RTA 协定来促进多边自由贸易制度。这也正是美国政府在与德国商谈时强调必须以多边贸易的核心无条件最惠国原则作为谈判前提的原因,恰如萨伊尔对路德所说,"这样的和解必须建立在我国计划的基础之上。"⑤这一全球性的战略布局思考,导致美国政府于1940 年在相关国内智库的协助下制定了旨在向外扩展其自由主义政治经济制度的 GB - 235 计划,并且在战后积极向外扩张自由主义政治经济制度。

三、美英 RTA 谈判

1938 年 11 月签订的《英美互惠贸易协定》是英美经济霸权转移的第一步。不过这次谈判并不单纯具有经济和争霸意义。对美国来说,这还是一次以 RTA 为经济外交手段以维持世界和平的尝试。西方学者关于此问题的研究,普遍重视阐明此协定之所以达成的时代背景以及当时英美两国的政治外交考虑。近年来,我国学者也加强了对此问题的研究,并更强调对英美谈判及霸权转移本身的考察。本章主要基于美国国务院编辑的美国外交文献等资料,并加入德国因素和美国国内因素在英美 RTA 谈判中的影响,来对这一协定进行考察,从而更全面地研究罗斯福政府的经济外交政策。

1. 追求一份联合声明:美英就 RTA 谈判的初步接触

1934 年 RTA 法案通过后,与英国签署 RTA 协定以打破帝国特惠制一直

---

① Patrick Hearden, *Roosevelt Confronts Hitler*, p.89.

② Ibid, p.48.

③ Francis Sayre, "The Question of Self-Sufficiency", p.133.

④ Patrick Hearden, *Roosevelt Confronts Hitler*, p.48.

⑤ Ibid, p.66.

是其主要设计者国务卿赫尔的主要目标。英国当时是美国商品的第二大出口市场,1926年到1930年间,英国吸收了美国商品海外销售的17.5%。[1] 然而1932年渥太华协定后形成的帝国特惠制将美国商品阻挡在了英国和加拿大等美国重要海外市场之外,使美国每年遭受3亿美元的出口损失。[2] 赫尔誓言,"直到英国加入,我们的贸易协定计划都不能被视作结束。"[3]可是英国并不想放弃其在帝国特惠制中得到的好处。美国市场只占当时英国对外出口的6%[4],更因为双方在债务、货币及国际政治观上的一系列分歧与矛盾,英国一直对美国提出的签订贸易协定提议置若罔闻。

纳粹德国挑战欧洲国际关系现状所导致的欧洲政治局势日益恶化为美英进行RTA谈判做了背景铺垫。1935年3月德国公开废弃《凡尔赛条约》的义务,宣布建立空军和重整陆军装备。其后数日,英国便向美国要求支持。[5] 赫尔做出回应,希望欧洲各国缓和紧张局势的努力能促进全面的和解。[6] 在这一基础上,英德双方终于达成了两国海军协定。

欧洲局势的不断恶化使美国国务院认为可以借此使不肯屈服的英国人在贸易谈判上做出让步。1936年2月27日,国务院贸易协定司制定了一份名为"关于贸易政策上与英国政府联合行动可能性"的备忘录,对日后美国的对英经济政策进行了规划。它指出,美国应该迫使英国与其发布一份联合声明,表明歧视性贸易政策对国际经济贸易的合理运作有害。这份声明并不要求英国立即放弃帝国特惠制,然而却应在总体上体现英国对特惠贸易的不认可并强调其有意加入美国引领的自由贸易运动。[7] 经济专家帕斯沃尔斯基在这份备忘录中强调,欧洲的政治危机将会使英国接受美国的自由贸易政策。[8]

---

① Richard Kottman, *Reciprocity and the North Atlantic Triangle*, *1932-1939*, p.117.

② 杨生茂主编:《美国外交政策史,1775—1989》,人民出版社1991年版,第349页。

③ Cordell Hull, *The Memoirs of Cordell Hull*, p.520.

④ Douglas Irwin, *Clashing over Commerce: A History of US Trade Policy*, p.438.

⑤ "Telegram From The Charge in the United Kingdom (Atherton) to the Secretary of State", Mar 20,1935, FRUS,1935,Vol. I, pp.200-202.

⑥ "Telegram From The Secretary of State to the Charge in the United Kingdom (Atherton)", March 22,1935, FRUS,1935,Vol. I, pp.204-205.

⑦ Arthur Schatz, "The Anglo-American Trade Agreement and Cordell Hull's Search for Peace *1936-1938*", p.91.

⑧ Patrick Hearden, *Roosevelt Confronts Hitler*, p.86.

备忘录指出美国能借欧洲政治危机逼迫英国就范,而国务卿赫尔则更希望通过自由贸易来维持世界和平,或者至少缓和当前的政治危机。3月7日,德国军队开进莱茵兰非军事区,希特勒表示德国将不再遵守洛迦诺公约。11日,赫尔电报指示美国驻世界大部分国家除英国之外的领事馆去劝说这些国家政府与美国采取经济合作。在电报中,赫尔表达了对以自由贸易维持世界和平的看法。他指出:基于平等待遇的贸易复兴对欧洲重要国家的安全极其重要,如果现在不能得到英法等国家支持的话,欧洲和世界会注定陷入纷乱的歧视性双边易货贸易,这一政策的灾难性结果已经众人皆知。对于经济合作的具体内容,赫尔的态度是温和的。他表示这并不是在邀请其他国家与美国签订贸易协定,只是希望其他国家能单方面调整其贸易政策或者宣布支持平等待遇原则。①

做了世界范围内的舆论准备后,3月28日,赫尔才将其写的一份备忘录由驻英大使馆参赞阿瑟顿(Ray Atherton)转交给了英国政府。其中,赫尔要求英国政府立即发表联合声明认同美国1934年的RTA法案精神。他认为只要英国这么做,其他国家都会仿效,从而产生一种道德作用以鼓舞世界经济的信心并缓解世界上的政治经济危局。他特别强调这一声明并不会与英国目前的贸易经济政策相抵触。②

在政治危机愈演愈烈的情况下,英国政府也渴望探听美国政策的虚实,于4月1日派英国驻美大使林赛(Ronald Lindsay)拜访了赫尔。林赛一上来就告知赫尔,英国政府对这一空洞的声明不感兴趣,而且英国目前的政策运行得相当好。③ 这一回复正好戳中了赫尔的心弦,他当即表示没有什么事情会比此更令美国政府失望。他指出,如果英美以及其他大国早两三年实行自由贸易政策,德国就不会占领莱茵兰非军事区。而且只有英美等大国领导下的自由贸易才会使美国避免孤立主义,"这样才会警告那些极端的孤立主义者和民族主义者对恶化的经济政治形势负责。"得知赫尔并不打算与英国商谈具体的贸易协定,而只渴求一份联合声明后,林赛稍微不再那么紧

① "Letter From The Secretary of State to the Ambassador in France (Bullit)",May 11,1936,FRUS,1936,Vol. I,pp.486 - 488.

② "Telegram From The Secretary of State to the Charge in United Kingdom(Atherton)",May 28,1936,FRUS,1936,Vol. I,pp.647 - 649.

③ "Memorandum by the Secretary of State", April 1,1936,FRUS,1936,Vol. I,p.651.

张。他表示认同赫尔的观点,但又不能做任何评论。出于自身的贸易政策,林赛及英国政府对美国寻求世界各国支持其自由贸易政策是怀疑和敏感的。①

表面上看英美的此次对话并没产生什么实际的反响。然而两个之前有明显分歧的国家开始进行接触,这本身就是个互通信息以促进共识的良机。对美国来说,与林赛的谈话使赫尔认识到英国还是可能发表联合声明的,但在当前情况下英国不太可能大幅改变其政策,如果再强行逼迫必将欲速而不达。因此他必须克制急于求成的意愿,投石问路,将其要求限制在一份联合声明上,同时将英美声明的主要方向定在维护世界和平上。

在这之后,赫尔开始指示美国各级驻英官员继续对英国政府旁敲侧击促使其回心转意。11日,他对驻英大使宾厄姆(Robert Bingham)表示,相信经过全面思考后英国政府的行为会发生改变。他会为英国政府拥有这样的智慧而努力。② 同时,赫尔也开始进行多方努力,以消除社会各界对英美即将达成协定的种种猜测,从而减轻对英国政府的压力。同日,他对美联社记者表示,目前英美之间没有任何谈判与对话,更不用说任何牵涉到具体贸易事项的谈判了。③ 对美国政府来说,能够保持克制并在此时不希望与英国进行全面的贸易协定谈判除了国际政治危机外还有一个深层原因,那就是即将在11月面临总统大选的罗斯福政府不想刺激国内经济利益集团,他曾反复提醒赫尔不要使美国陷入有关具体贸易问题的争斗中。

在欧洲危机中借助美国的力量是英国朝野的共识,然而与美国的接触表明要实现此目标就必须答应美国的经济条件,就此问题英国政府内部产生了不同的意见。首相鲍德温(Stanley Baldwin)显得犹豫不决,而以艾登(Anthony Eden)领导的外交部为首的亲美派则主张英美合作共同应对世界危机。他曾致电赫尔表示如果美国政府认为这么做会对实现赫尔的目标有所帮助的话,其愿意发表这样一份声明。④ 财政大臣内维尔·张伯伦

---

① "Memorandum by the Secretary of State", April 1,1936, FRUS,1936,Vol. I,p.654.

② "Telegram From The Secretary of State to the Ambassador in the United Kingdom(Bingham)", April 11,1936 – 4 p.m., FRUS,1936, Vol. I,p.657.

③ "Telegram From The Secretary of State to the Ambassador in the United Kingdom(Bingham)", April 11,1936 – 3 p.m., FRUS,1936,Vol. I,p.656.

④ Arthur Schatz, "*The Anglo-American Trade Agreement and Cordell Hull's Search for Peace 1936 – 1938*", p.93.

(Neville Chamberlain)与全国贸易委员会主席朗西曼(Walter Runciman)等人的思考更为复杂。他们反对任何可能危及英国赖以为生的帝国特惠制的协定,然而又感到在政治危机下不得不依靠美国的帮助。为此他们希望通过与美国详细地讨价还价来维护英国的商业利益。他们表示如果美国政府真的想与英国合作,就必须和英国进行全面的贸易谈判,同时还要涉及战债及货币等问题,而绝非仅仅一份声明了事。由于艾登长期往返日内瓦和英国之间,张伯伦和朗西曼这一派占据着主导权。5月1日,朗西曼当着美国驻英大使宾厄姆的面,在英国商会晚宴上发表演说,表达了其对美国多次以国际形势逼迫的不满。"和平不仅仅是通过感情上的呼吁就能实现的,赤裸裸的威胁就更加难以达到。牢固的和平要靠仔仔细细地构建以国与国之间良好的政治和经济关系为基础的架构才能实现。"[①]6月25日张伯伦表示暂时不考虑与美国发表联合声明,因为这和英国此时正在与其他国家续订的贸易协定不连贯。[②]

然而国际形势的不断恶化却使得任何详细的谈判都必须让位于立即行动。5月5日,意大利军队攻陷埃塞俄比亚首都。入夏以来,西班牙也更加接近内战边缘。7月3日,赫尔对宾厄姆表示,他虽然对英国政府拖延发表声明感到失望,却仍打算继续与英国政府保持对话,并将一份新的提议传递给对方。从内容上看,赫尔这份新的提议与以前的版本并无多大差别,都是希望在危机重重的世界形势下,英国的政策能做出一些改变。然而实际传递给英国政府的电报却经过了少许改动。9日,宾厄姆建议做出这样的修改,赫尔电报中一句较强硬的话语由原先的陈述语气被改为了更加委婉的腔调(is 变为了 would 和 should),以显示美国的让步与温和。7月10日,赫尔回复同意了这样的修改。[③]

由于手中史料有限,笔者尚不能完全确定赫尔7月3日的电报及之后对个别较强硬语气做出的修改对英国政府的政策产生了多大的影响,然而,

---

① "Telegram From The Ambassador in United Kingdom (Bingham) to the Secretary of State", May 1,1936, FRUS,1936,Vol. Ⅰ,p.662.

② "Telegram From The Charge in United Kingdom (Atherton) to the Secretary of State", June 26,1936, FRUS,1936,Vol. Ⅰ,p.672.

③ "Telegram From The Secretary of State to the Ambassador in United Kingdom(Bingham)", June 3,1936, FRUS,1936,Vol. Ⅰ,pp.672-675.

英国政府的确做出了一些转变。先前还对美国大表不满的朗西曼于7月15日在议会公开发表了一份关于英国当前贸易政策的声明,其内容主要概括为以下几点:

（1）英国现在的贸易政策运行良好,因此无意在将来尝试不必要的冒险。

（2）英国的贸易政策支持平等待遇原则,然而这需要以其他国家执行同样的规则为前提。

（3）英国认为只有消除人为的贸易壁垒才能恢复大萧条以前的多边世界贸易。正是由于世界贸易的下滑才使得许多国家陷入一贫如洗的地步,从而使他们采取各种各样的严格易货贸易制度。而英国却并非如此。

（4）尽管能够轻松地通过强制措施使英国商品大量进入某些国家的市场,但英国政府并没这么做。这正是根据渥太华协定所施行的政策。①

从这份被视为正式答复美国联合声明请求的讲话中可以看出,朗西曼的态度明显是矛盾的。他既表示不愿改变当前的贸易政策,"无意在将来尝试不必要的冒险",同时也声称英国"支持平等待遇原则",并反对任何易货贸易。这种矛盾充分表达了他在欧洲危机下的无奈。而对于这份既未明确表明支持美国政府的贸易政策,又未正面提及英美合作以维持世界和平,甚至还为渥太华协定开脱的声明,赫尔的反应体现了一个精明的政治家所应具备的判断力。他虽感到仍未达到目的,却懂得这是先前一直回避美方相关呼吁的英国的一次突破,尤其是这样的讲话是由对美强硬的朗西曼来做出。他20日与林赛前后不一的对话表明了这一点。他认为:朗西曼的讲话,"没有一点涉及体现英国政府明确寻求或采纳自由贸易政策的实际行

---

① "Extract From the Speech in the House of Commons Delivered by the President of the British Board of Trade on July 15,1936," in "Memorandum by the Secretary of State", July 20,1936, FRUS,1936,Vol. Ⅰ,pp.678 - 680.

动。……英国没有向推动世界经济恢复的任何领导计划移动一英尺。"①同时,他却借此机会暗示了美国渴望继续与英国接触,"朗西曼的讲话非常好、令人鼓舞……我渴望表达对朗西曼先生讲话的赞许。"②值得一提的是,朗西曼讲话发表两天后的 17 日,西班牙法西斯军人正式发动了内战。这既体现了英国的声明着实无力阻止战争,也反映了法西斯威胁下英美继续相互靠近的必要性。

7 月份的朗西曼声明标志着这段时期美英就国际经济政策联合声明进行的对话告一段落。此后联合声明一事再未成为英美经贸关系的主题。然而这却是英美在协调国际经济思想并最终签署贸易协定的首次重大尝试,堪称两国日后达成协定的前奏曲。尽管政府内对是否接受美国的提议存在分歧,但受到法西斯国家扩张威胁的英国在收到其大洋彼岸的表兄弟美国伸出的援手时并没有更多的政策选择,哪怕这种援助最终会摧毁其赖以继续维持帝国的经济基础。它所能做的只是减缓这一变动发生所引起的剧痛,通过与美国的锱铢必较而取得一个更有利于己的结果。这正是强硬派朗西曼和张伯伦等多番推却美国的联合声明提议,却倾向于和美国商谈具体贸易事项,并最终勉强发表一份意义不大的声明的原因所在。而对于美国来说,在当时的国际政治大背景下,美国政府将实行自由贸易政策与维持世界和平紧密相连,正如负责 RTA 日常工作的副国务卿萨伊尔在 7 月提到的,"如果商品不能跨越国界,士兵就将取而代之。"③而要实现自由贸易就必须与英国达成协定。美国从一开始就带着强烈的自信心与英国开始接触,而这一阶段的接触使其更坚信,在欧洲政治危机的情况下,英国会做出让步。

2."世界正在被大火吞噬"与好莱坞电影出口:美英 RTA 协商的转机与矛盾

1936 年 7 月的朗西曼声明发表后,国际局势仍在不断恶化。此时,美国政府逐渐转变了试图立即全面打破英国保守主义贸易政策的政策大目标,通过实现美英经济甚至政治上的合作以维持和平的短期目标在美英贸

---

① "Memorandum by the Secretary of State", July 20,1936, FRUS,1936,Vol. I,pp.675 – 676.
② Ibid, p.675.
③ Francis Sayre, "The Question of Self-Sufficiency", p.134.

易商谈中逐渐占据了美国政策制定者的思考。然而另一方面，在1936年后国内对RTA的批判声音不断高涨的情况下，赫尔和国务院又急切需要开拓英国市场作为RTA的"补药"。① 这就对美英RTA谈判能否迅速成功造成了非常大的阻碍。由于美国先前的RTA协定多是与加拿大等农业国家所签，大量的农产品进口严重威胁到了美国农业的生存。1937年年初RTA三年之期期满需要国会批准延长之时，以中西部农业集团为代表的美国保护主义势力乘机发起了一波反对浪潮，他们甚至指责整个新政政策都是建立在东部（大工业）剥削西部（农业）的基础上。共和党人提出一系列的修正案企图限制RTA的实行，民主党内部也发生了分裂，以西部怀俄明州民主党参议员奥马霍利为代表的部分民主党人也投票反对RTA续订。② 因此，国务院对英国的态度就面临一个矛盾，一方面希望在经济领域与英国合作以维持世界和平，另一方面又必须在和英国的贸易谈判中寸土必争，为美国产品争取市场，否则整个RTA系统就面临被国内否决的危险。

虽然面临这样的矛盾，在政策具体操作层面，对于具有极强国际主义理想的赫尔及受其领导的国务院来说，他们更重视的仍然是如何尽快与英国合作以维持和平，签订RTA协定被看作是这一合作的体现。因此虽然提出以经济外交方式解决问题，但美国政府更加看重谈判的政治效果。如同前几次对英国"上课"③时一样，在1937年1月17日与英国大使馆的通信中，赫尔的这一态度充分表现。实现和平与经济恢复，减少贸易壁垒与限制军备等名词被并排使用，表达了国务院通过经济手段维持和促进世界和平的愿望。"美国政府认为世界经济恢复不应该与其他影响因素脱离，即世界和平与国家安全问题的成功解决之道。"因此，美国政府希望"为英国与美国合作以实现这些伟大的目的找到一条通路。"电报强调，这一合作将在英美"各

---

① Richard Kottmann, *Reciprocity and the North Atlantic Triangle*, 1932－1939, p.118.
② Arthur Schatz, "The Reciprocal Trade Agreements Program and the 'Farm Vote', 1934－1940", p.511.
③ 在贸易政策上，美国给英国"上课"是暨南大学学者张镇江教授所做的一个比喻，形象地描述了美国挥动RTA的大旗，以非歧视待遇和无条件最惠国原则为基础占据了道德制高点，并以此促使英国改变其贸易政策。参见张镇江著：《从英镑到美元：国际经济霸权的转移，1933—1945》，第98页。

自的政策范围之内实现"①。这意味着美国政府将在不打破帝国特惠制的基础上与英国谈判，这正是英国政府期待的信号。

英国政府也期待在欧洲政治问题上得到美方的援助，并通过各种途径发出了这一信号。宾厄姆1月4日致信赫尔表示，艾登、鲍德温及朗西曼等人现在都赞成与美国进行贸易谈判，他更是极其自信地在信中提到了英国态度转变的原因，"英国希望对美国表明……北海就是民主制度的边界，英国作为欧洲民主的前哨站，只是一个小小的岛国……它缺乏原材料，需要依赖美国和其自治领供给战争物资及食品。"②从中可以看出，宾格姆对英美达成贸易协定的乐观态度是在对政治形势分析后得出的结果。然而虽然此时的英国面临着强烈的战争威胁，其领导人对自身的经济状况和国际政治形势的认识与美国还是有着很多的不同之处，而且事实上这些问题及达成协定的条件他们在37年之前就已经对美方有所表露。首先，就贸易协定本身而言，英国政府认为虽然目前的确该与美国进行贸易谈判，但在目前英美经济贸易力量对比中，英方明显居于弱势。一旦签署协定，美国卖给英国的商品将大大高于英国出售给美国的产品，那是国小财弱的英国所不能接受的。因此，朗西曼认为美国应该在具体问题上进行一些让步，而且"任何违背渥太华协定的协议英国都不会接受"③。英国政府在经济上的顾虑影响了美英协定的尽快达成。其次，英国政府担心，如果在经济上全面依赖美国会割断英联邦的物资来源，同时美国出于中立主义不会在战时向其提供援助。英国使馆的夏克利（H. O. Chalkley）向国务院强调了在欧洲政治形势如此不稳定的情况下英国保持与英联邦国家紧密联系的重要性，"在战争时期，由于中立法案，美国可能不会给予英国以援助。那么英国及其自治领就是战时其唯一能确保的资源供应，（因此）在和平时期就该发展这一资源。……在没有其自治领同意的情况下，英国不会放弃或修

① "The Department of State to the British Embassy", January 17, 1937, FRUS, 1937, Vol. Ⅱ, pp. 1 - 2.

② Arthur Schatz, "The Anglo-American Trade Agreement and Cordell Hull's Search for Peace 1936 - 1938", p. 95.

③ "Memorandum by the American Ambassador in the United Kingdom (Bingham) of a Conversation With the President of British Board of Trade (Runciman)", December 18, 1936, FRUS, 1936, Vol. Ⅰ, p. 703.

改特惠制。"①最后，作为传统大国，习惯于操纵列强均势的英国不甘做美国的小伙伴，在与美国谈判的同时，他们还接触德国，试图左右逢源以获得最大的利益。

在英美双方既渴望谈判同时却仍然彼此抱有顾忌的情况下，两国政府高层进行了会面。1月底，曾经发誓只要还在职位上一天就会维持帝国特惠制的英国贸易协会主席朗西曼前来美国就两国贸易问题进行商谈。这次访问被定义为非正式的访问。不过从美方安排的会见人来看，朗西曼对这次会晤是相当重视的。他先后与罗斯福、赫尔以及萨伊尔等人进行了会晤。

然而朗西曼是一名纯粹的经济官员，对政治事务不甚了解。英国安排其访美，恰好表明了英美双方此时的最大分歧在于经济优先还是政治优先。英国政府除艾登等人之外大都支持前者，而国际主义主导的美国政府则逐渐偏向后者，认为英美协定能够维持世界和平。

在与罗斯福的会谈中，双方只就大的问题进行了相互协商，并未过多涉及具体的贸易问题。朗西曼对美国中立法案发表了看法，并对美国的现购自运政策感到满意。在与赫尔进行的会谈中，双方的不同观点才真正碰撞出了火花。朗西曼首先对赫尔表示，英国正在对德国的行动进行评估，并且在等待其下一步会是什么动作。这无疑犯了外交谈判中的大忌。在类似于田忌赛马的外交谈判中，两国都会将虚弱的地方加以掩饰，而以最锋利的长矛攻击对手盾牌最脆弱的部位，从而为本国争取到最大的利益。朗西曼将英国对德国及欧洲政治形势的顾忌全盘托出，除了表明他对外交一窍不通之外，还正好给了赫尔给其"上课"的机会。赫尔立即表示，当前美国正在推动的贸易自由化努力为（英国的）这种消极态度提供了一个积极的方法。赫尔接下来详尽描述了这样一种方法所在。如果英国代表欧洲各国发表一个自由贸易计划的声明，正如美国在西半球做的那样，那么斯堪的纳维亚半岛各国、荷兰、瑞士以及巴尔干国家、波兰和22个美洲国家都会提供合作。这40多个国家一起"会在西半球结队宣扬通过一个全面、牢固而又基本的计划来重建世界秩序并推动和维护世界和平及全世界人民的经济繁荣"。在

---

① "Memorandum by the Chief of the Division of Trade Agreements (Hawkins)", December 26, 1936, FRUS, 1936, Vol. I, pp.704–706.

这种情况下，德国和意大利等国家就会毫无疑问地感到这样一个计划的好处并出于自身利益考虑加入。而一旦轴心国家开始在经济上合作，解决政治问题的谈判就将大大地开启。① 紧接着，赫尔将对话转向了英美具体的贸易协定问题。赫尔回应了英方的关注，甚至对英方提供了美国目前不能做到的政治保证。他指出，两国谈判除了贸易问题之外，还将包括汇率、债务、裁军问题以及"有感兴趣的国家相互签署政治协定，作为政治相互信赖和安全的基础"。赫尔这样的计划事实上类似于一个集体安全或合作机制，"其中每一个国家都必须为此贡献力量，每个国家的政府都有责任起到其自身的作用。"他再次表示了英美合作的重要性，"除非我们两个国家一起强有力的领导解决问题的经济手段，否则政治、经济、道德与和平意义上的正常国际关系几无恢复之希望。"赫尔对朗西曼明确表示美国并不反对英国的帝国特惠制，只是希望其可以做一些修改，"不要导致人为且不合理的贸易政策"。为此英国必须在渥太华协定下做一些关税减让，"美国将尽最大努力使这一减让的数量最小化"。出于各方面考虑，赫尔对其计划的进展及实施非常谨慎，他表示"推动这一计划的每一点的每一个步骤都必须与其他步骤相互协调，之后各国可以逐步增加对他国和平意图的信赖及相互合作的好处。"赫尔表示，面对各国逐渐增强的整军备战及军国主义倾向，要维持和平除此之外别无他法。② 朗西曼对赫尔的保证仍然半信半疑，对于赫尔修改渥太华协定的请求也感到一时难以接受。出于不破坏双方对话的友好气氛，他表示自己是支持自由贸易政策的，并表示英国和加拿大等国在新一轮渥太华协定的会谈中，会提议对渥太华协议中的某些部分进行修改，然而他却不肯透露修改的具体内容与方式。

在这种情况下，朗西曼 26 日与 RTA 行政主管萨伊尔的会谈更像是例行公事。对于朗西曼会谈时的态度，萨伊尔后来回顾，"他看上去对我所谈的东西似懂非懂，这使我感觉到不会有什么成果出现。"朗西曼表面上迎合美方的提议，而当牵涉到具体事务的时候却避而不谈。受赫尔之前与朗西曼会谈经验的启发，萨伊尔也首先提及了德国问题。他表示双边歧视性贸

---

① Cordell Hull, *The Memoirs of Cordell Hull*, pp.524 - 526.
② "Telegram From The Secretary of State to the Charge in the United Kingdom (Atherton)", February 12,1937, FRUS,1937 Vol. Ⅱ, pp.11 - 13.

易制度与基于无条件最惠国待遇原则的贸易制度正在世界各地相互竞争，"世界太小而不能同时容纳两者，因此最后必定是一方战胜另一方。"他指出德国正是前一类国家的代表，其目前正在拉美等地与美国进行着激烈的贸易对抗。为此，他表示希望获得英国的支持，"英国与美国站在一起至关重要，如果英国同我们一致的话，会对确保平等待遇原则的最终胜利有非常大的帮助。"这一次朗西曼不再那么鲁莽，他并未急于答复萨伊尔的请求，只是表示自己一直在为英国自由贸易政策奋斗。萨伊尔接着转向具体的贸易问题，表示美国需要英国在大米、水果、烟草及毛制品等商品上让步，否则要使这一协定获取国内的支持会非常困难。朗西曼重复了对赫尔的答复，同意对渥太华协定进行一些修改，不过仍不愿提及具体内容，并以疲劳为由迅速返回了英国大使馆。① 萨伊尔在会后找到朗西曼的秘书才得知，朗西曼在双方谈话中隐瞒了事实，真实的情况是，英国并不能在加拿大等国未同意的情况下修改渥太华协议。②

为了使朗西曼相信美国的承诺，赫尔2月18日专门邀请加拿大总理麦肯利·金前来与其对话，他一再对金重复："在任何情况下，我和我的国家都不会说和做任何可能破坏不列颠帝国一丁点的事情。"其计划"不会在帝国特惠制问题上对英联邦造成一丝压力"③。然而朗西曼回国后，对美国的贸易协定请求实施了冷处理。他认为赫尔等人在与其谈话中并没确保美国在经济上会对英国让步，也未明确保证协定签署后美国会在战争的情况下继续向其供应物资。甚至是一直支持美英接近的英国外交部对此也感到失望，其一名官员把与赫尔进行会谈比作"和一名狂热分子进行谈判"，他表示："赫尔好像认为他用说教和纠缠的办法就可以使我们对他可能提出的要求让步，而我们所面临的最为迫切的任务就是把赫尔从迷雾中拉出来。"④

朗西曼继续对英美贸易协定保持僵硬态度的同时，英国政府内部却发生了一场重要的人员调整。1937年5月，美国国会通过了包含现购自运条

① "Memorandum From the Assistant Secretary of State (Sayre)", January 26, 1937, FRUS, 1937, Vol. II, pp.6 - 8.
② Ibid, p.7.
③ "Memorandum by the Secretary of State", February 18, 1937, FRUS, 1937, Vol. II, pp.13 - 14.
④ 麦克唐纳著，何抗生等译：《美国、英国与绥靖》，第27—28页。

款的永久中立法案。这就意味着英国可以在美国中立的情况下,凭借其大大领先于德意等法西斯国家的经济及航运能力继续从美国处获取物质支持。而对美国在战争状态下孤立主义的担忧正是英国力图牢牢抓住帝国特惠制以获取英联邦国家支持的重要原因。如今这一忧虑虽未荡然无存,但至少也由于美国的新中立法而减少了。在英美关系中一道坚冰消失的情况下,英国也回报了善意。5 月 28 日,内维尔·张伯伦取代在英美贸易协定问题上犹豫不决的鲍德温担任英国首相。朗西曼的贸易协会主席职务也被公开支持与美国签订贸易协定的奥利弗·斯坦利(Olimer Stanley)所顶替。张伯伦在保护帝国特惠制上与朗西曼一致,然而他却比朗西曼更有宏观的经济政治战略眼光。他认为,即使英美贸易协定后帝国特惠制会受到冲击,但美国降低关税也可以促进英国产品出口。更重要的是,通过贸易协定可以打击美国的孤立主义浪潮,从而使美国政府能更积极地参与国际事务并以此威慑德国等法西斯国家。同时,在 5 月中旬召开的伦敦帝国经济会议同意了支持张伯伦对德绥靖政策以及原则上同意对帝国特惠制进行修改以和美国签署贸易协定。[①] 不过由于英联邦内各国尤其是加拿大及澳大利亚面临的实际问题,他们对英国突然转变政策感到措手不及,尚需时间劝服和适应。与这些国家的商谈使得英国主动修改帝国特惠制的工作一直持续到了年底。然而英国张伯伦政府与美国达成互惠贸易协定的意图和行动都已经充分地体现出来了。

美国政府对张伯伦的态度突然转变感到吃惊。负责与英国谈判的国务院欧洲司助理司长约翰·西克森(John Hickerson)在其备忘录中写到,约瑟夫·张伯伦的儿子在帝国特惠制上改变观点无异于一个奇迹。[②] 因为面对英国政府的拖延,美国国内早先已经有人建议,如果英国拒绝与美国达成贸易协定的话,那么美国则应通过大肆购买黄金以截断英国的财源进行报复。国务院西欧司司长莫法特也表示在具体贸易协定上要更强硬地对待英国,"如果修改特惠制需要做出一些牺牲的话,这样的牺牲该由英国而非美国来承担。"[③]

---

① Arthur Schatz, "The Anglo-American Trade Agreement and Cordell Hull's Search for Peace 1936-1938", p.97.

② Memorandum by the Assistant Chief of the Division of European Affairs (John Hickerson), August 6,1937, FRUS,1937,Vol. II,p.64.

③ Patrick Hearden, *Roosevelt Confronts Hitler*, p.93.

这些强硬的、可能导致双方贸易战的意见最终并未为美国政府所实施。除了英国权力更迭使双方谈判出现转机之外，单纯出于缓解国内对RTA日益激烈批评的需要，美国政府也必须与英国谈判，而非开展贸易战。萨伊尔4月份表示，"目前国内农业（对RTA）有很强的反对声，我们之前与农业国家签订的贸易协定中，为了工业产品的出口而牺牲了农业降低了农业市场的关税。而如果我们能为农产品获取重要的英国市场的话，那么继续开展与农业国家的贸易谈判就会更加容易。"①

那么此时赫尔是什么态度呢？其年初对朗西曼做出的最小限度地修改帝国特惠制的决定是否仍然有效？在伦敦帝国经济会议召开前的4月28日，赫尔曾致电美国驻南非大使馆参赞拉塞尔表示美国关心的是极端的（extreme）帝国特惠制，他解释道，能够构建帝国内部政治关系及团结的适度的特惠制是可以理解的，他特意指出美国与加拿大之间的互惠贸易协定也承认了这一点。美国反对的只是过度的帝国特惠制，它使英联邦各国感到这只是其内部事务，人为地使其他国家的产品变为英联邦内部产品。他表示，逐步降低关税以在世界范围内实现经济绥靖是军事冒险政策以外的唯一手段。为此他要求拉塞尔立即与南非政府接触，不过任何批评帝国特惠制的声音都应当是友善的，并要其重复申明美国将尽最大的努力在任何情况下就贸易及其他相互感兴趣的问题与帝国合作。② 因此，赫尔并不想强迫英国政府全面放弃帝国特惠制，他只是更期望与英国及其自治领开展合作以促进绥靖和世界和平，在这一点上他与张伯伦是一致的。

正在英美两国就贸易协定问题协商拖延不前的时候，国际政治经济形势发生了重大变化。在世界政治领域有一种强烈的世界大战山雨欲来之势。7月7日，日本发动了蓄谋已久的全面侵华战争。9月25日，墨索里尼访问德国并与希特勒会谈，商讨两国合作事宜，11月6日，意大利正式加入了去年德国与日本之间达成的反共产主义协定，德意日三国法西斯侵略轴心正式形成。对于正在拖延中的英美互惠贸易协定谈判来说，这一系列政治变动再次扮演了助推加速器的作用。仅从美国国务院编撰的美国外交文

① Patrick Hearden, *Roosevelt Confronts Hitler*, p.94.
② "Telegram From the Secretary of State to the Charge in the Union of South Africa (Russell)", April 28,1937, FRUS,1937, II,pp.27-28.

献来看,仅 7 月份一个月双方相关专业技术人员进行的贸易协定前期协商就达 4 次之多,而且对话都在美国进行。英国的态度也相当积极。8 月 6 日,夏克利表示,张伯伦已俨然成了美国的"一个重要盟友",正在为了与美国达成贸易协定而修改帝国特惠制。① 9 月 20 日,艾登在日内瓦的国联发表讲话,支持美国的无条件最惠国待遇制度。②

此时美国也在为正式的会谈进行准备。首先,以罗斯福 10 月 5 日在孤立主义大本营芝加哥作的"防疫"演说为代表,美国政府掀起了一阵更积极应对侵略的政策浪潮。罗斯福在"防疫"演说中指出了英美合作的重要性,"爱好和平的各国,应该齐心协力反对那些违反条约和藐视人类本能从而在当今制造了一种国际的无政府状态的行为。"其次,作为政策的具体体现,美国政府也再次克制住了完全打破帝国特惠制的愿望。在日本发动卢沟桥事件的前一天,也就是 7 月 6 日,赫尔发给美国所有驻外大使馆的 2807 号文件清楚地显示,与美国签署互惠贸易协定不会以完全破坏帝国特惠制为代价。赫尔相信此计划会在不损坏每个国家国内经济的情况下达到,它应该"逐步小心翼翼地开展"、"耐心与适度至关重要"。③ 8 月 9 日,赫尔对负责美英互惠贸易协定协商的英方代表夏克利表示,紧张的国际形势下,英美两国在经济上合作(开展自由贸易)的必要性。他表示,英国政府拖延贸易协定"只会导致越来越多地类似于西班牙地中海地区及中国与日本之间的事件发生"。他还提到了英国更看重的德国威胁。"英国再也不能凭借其海军就阻止 7 000 万饥饿的德意志人民采取行动。……正是为此,我一次又一次地强调刻不容缓地达成英美贸易协定的极端重要性。"④ 9 月 22 日,他对来访的英国财政部副官菲利普斯表示英美需要尽快达成贸易协定,达成协定将"动员 40 多个国家明确支持经济绥靖政策,同时也会助推政治上的绥靖"。在这次对话中,赫尔还同意对先前已达成的美加贸易协定进行补充以有助于英国能够更好地与加拿大进行关于修改帝国特惠制的谈判。听完赫

---

① "Memorandum by the Assistant Chief of the Division of European Affairs (John Hickerson)", August 6,1937,FRUS,1937,Vol. Ⅱ,p.64.

② "Memorandum by the Second Secretary of Embassy in the United Kingdom (Butterworth), Temporarily in the United States", September 22,1937, FRUS,1937,Vol. Ⅱ,p.66.

③ "The Secretary of State to Diplomatic and Consular Offices", July 6, 1937,FRUS,1937,Vol.Ⅰ, pp.841 - 845.

④ "Memorandum by the Secretary of State", August 9,1937,FRUS,1937,Vol. Ⅱ,pp.65 - 66.

尔的讲话后，菲利普斯表示在贸易协定问题上他和赫尔"肩并肩地站在一起"。①

值得注意的是，尽管紧张的国际形势使两国消除了一些谈判障碍和自私的要求，赫尔也表示将对美加贸易协定进行补充以促使其统一修改帝国特惠制。然而一步入具体问题的协商，两国却都不愿意真正地为了达成RTA 协定而牺牲自身的利益。9 月 23 日，英国特使马莱（Mallet）找到RTA 行政主管萨伊尔，请求美国与加拿大重新进行贸易谈判，并在谈判中做出一些牺牲以促使加拿大与英国的修改帝国特惠制的谈判能顺利完成。

英国这一请求有着很深的背景原因，在此需要对美加英三国之间的贸易谈判进行一下回顾和梳理。从 1935 年年末美加互惠贸易协定签订以来，在英美两大贸易体系中均占得一席之地的加拿大一直利用两国的矛盾寻求自身的利益，同时实际上成了英美两国交流意见的桥梁。美加两国上层如罗斯福、赫尔与加拿大总理麦肯济·金之间已逐渐建立了良好的友谊和相互信任的关系。美国曾多次邀请加拿大与之一起反对英国的帝国特惠制。在得知作为渥太华协定的主要参与国加拿大不可能放弃原先的政策之后，负责与之谈判的美方官员表示，美加 1935 年的 RTA 协定本身就是实现更全面的贸易协定的"基石"，如果加拿大不遵从 RTA 的原则，这一协定就将难以取得成效。② 赫尔在 1936 年年底得知英联邦国家正在与德国商谈双边贸易协定之后，也曾借机含沙射影地指责帝国特惠制，并要求加拿大不要与英国续订新的特惠协定，他指出由于加拿大是 RTA 体系内的国家，这更会引起美国国内及其他 RTA 协定国家的指责，"山姆大叔又被精明的外国佬和华盛顿幼稚的'助人为乐者'耍了"。从而使得 RTA 协定难以为继。③

1937 年 3 月初，在加拿大政府出席 1937 年的伦敦帝国经济会议之前，金曾应邀赴华盛顿与美国政府进行商谈。在与罗斯福的对话中，金表示愿意做美英之间的联系人，"如果一切发展顺利的话，这三个伟大的国家将会

① "Memorandum by the Second Secretary of Embassy in the United Kingdom（Butterworth），Temporarily in the United States"，September 22，1937，FRUS，1937，Vol. Ⅱ，pp.66－68.
② Richard Kottman，*Reciprocity and the North Atlantic Triangle*，1932－1939，p.152.
③ "Memorandum by the Secretary of State"，November 3，1936，FRUS，1936，Vol. Ⅰ，pp.786－790.

组成三方有史以来最强大的经济联盟"。① 金对赫尔表示,加拿大愿意在伦敦会议上为美国的计划提供些许帮助。② 5 月 14 日,金在帝国经济会议上宣扬了赫尔的观点,"没有经济绥靖就不会有持久的和平,不消除当前的经济民族主义和经济帝国主义政策政治冲突就不会减少。所有与会的国家都肩负重任与那些渴望合作的国家齐心协力。"③金的这一发言其实不利于期望左右逢源而又不愿做出牺牲的加拿大政府的立场。特别是 5 月 28 日,内维尔·张伯伦(Neville Chamberlain)出任英国首相后,英方为了抵挡美国的压力,倾向于将英美协定能否达成的重任压在加拿大及其他英联邦国家身上,要求其同意修改特惠制。在这种情况下,加拿大政府迫切需要从美方那里获得好处。6 月 1 日,加方表示除非对其做出补偿尤其是降低加拿大商品进入美国市场的关税,加拿大不愿为修改特惠制作出牺牲。④

从以上美加英三国的贸易问题谈判可以看出,加拿大及其他英联邦国家的顽固态度成了英美贸易协定再度拖延的主要障碍。英国派马莱前来,正是考虑到美加这种特殊的关系能使美国作出一些牺牲。然而美国是不会在已有的 RTA 协定基础上做出再次让步的,萨伊尔表示,基于国内政治考虑,美国与农业国加拿大签署贸易协定同时是以和英国这样的工业国的贸易协定为补偿的。在贸易协定问题上美国必须现实一些,"由于缺乏政治考虑而签订这样一个贸易协定,然后看到它被大量的反对派撕成碎片是愚蠢的",是生活在"傻瓜的乐园"。因此,美国不可能与加拿大进行相关商品的详细对话,直到与英国的贸易协定"装到了口袋中。"美国政府绝对不会为修改特惠制作出牺牲,"我国贸易协定计划的一个根本基础就是不会在谈判之前就为消除歧视待遇作出牺牲。与加拿大进行谈判的任何基础都在于有所失必有所得(concessions given only in return for concessions gained)。"因此,如何修改帝国特惠制完全是英国政府和加拿大政府之间的事情,与美国无关。⑤

① Richard Kottman, *Reciprocity and the North Atlantic Triangle*, 1932 - 1939, p.161.
② Ibid, p.164.
③ Ibid, p.168.
④ Ibid, p.172.
⑤ "Memorandum by the Assistant Secretary of State (Sayre)", September, 23, 1937, FRUS, 1937, Vol. II, pp.68 - 71.

　　在各方都不愿意牺牲自身利益的情况下，英美贸易协定就这样被拖延至了11月。赫尔对这样的拖延感到万分沮丧，他私下里抱怨责任在于英国，"如果英国人不希望跟我们站在一起，那就让他们下地狱吧。"[①]赫尔的看法很正确，与处于大洋另一侧的美国不同，英国的确没有太大的回旋余地。最先让步的是英国人。11月5日，英国提交给美国国务院一份解决方案，建议由英国先对美国取消小麦的进口关税，希望以此换取美国在与加拿大的谈判中做出一些让步。英国政府表示这已是其所能为此做的极限。[②]在当时的国际政治大背景下，英国这样的举动是经过深思熟虑的，是在紧张的国际政治形势面前做出的应急之策。英国这份方案发给美国后的第二天，意大利就宣布加入德日反共产协定，法西斯三国轴心正式形成。张伯伦在当时的日记中解释了为何要急于和美国达成贸易协定的根本原因，"因为我认为这样做会教育美国民众，而且也因为我认为这会吓阻极权国家。从目前看来，这就是对柏林—罗马—东京轴心的回应。"[③]然而，张伯伦对能否凭一纸贸易协定就使美国走出孤立主义仍然是不确定的。他曾表示："除了言辞以外不要指望从美国人那里拿到任何东西，这样才能永远立于不败之地。"[④]因此在与美国谈判的同时，他又试图在政治上绥靖德国，并对此更加重视。11月他派哈利法克斯勋爵出访德国，以探听希特勒需要什么条件才肯达成和解。

　　收到英国提议后的11月16日，赫尔召见英国驻美大使林赛，表明美国接受英国的提议，期望立即进行谈判。背负着巨大压力的林赛获悉赫尔的意图后，终于松了一口气。赫尔谈到，尽管对于英国11月5日方案里有关具体商品的提议，美国还期待进一步的减免措施，"然而，我们认为时间是最重要的。除非谈判立即进行，要达成任何协定也会由于一些因素影响而更困难，如果不是不可能的话。"赫尔还给双方正式宣布开展RTA谈判选好了一个时间，即22日，他认为那是讨论日本问题的布鲁塞尔会议可能发表声明的一天。赫尔指出了自己做出决定的原因，"世界正被大火所吞噬，除非

---

① Richard Kottman, *Reciprocity and the North Atlantic Triangle*, 1932-1939, p.203.
② "Memorandum From The British Embassy to the Department of State", November 5, 1937, FRUS, 1937, Vol. II, pp.78-80.
③ Richard Kottman, *Reciprocity and the North Atlantic Triangle*, 1932-1939, p.206.
④ 麦克唐纳著，何抗生等译：《美国、英国与绥靖》，第54页。

那些肩负着共同目标去保护人类文明珍贵财产的国家在像贸易协定这样的行动上肩并肩,否则一切都将为时过晚。"① 至于美加谈判问题,赫尔表示:"如果加拿大同意,美国愿意在美英达成贸易协定两周内与英联邦国家公开商讨新的贸易协定。"② 这就为迟迟不能得到解决的加拿大贸易问题打开了最后解决的大门。第二天,赫尔派人告知加拿大政府美国欲进行谈判的意愿。他表示,尽管还存在一些具体的问题,但美国希望美加协定与美英协定同一天签署。③ 11 月 18 日,英美两国政府发表了两国将正式举行 RTA 谈判的政府公告。

从这一段时期内美英两国政府就 RTA 问题进行的相互接触中可以发现,两国政府都意识到为了应对日益恶化的国际政治危机,应该摒弃前嫌,以经济问题上的合作展示两国的友好,为日后的政治合作对话奠定基础,同时也以英美合作来吓阻德国,从而维护世界和平。然而尽管两国政府上层都有这样的意识,但是面对各自国内强烈的经济贸易要求,双方谈判的空间很小,立即达成协议的可能性仍然不大。这一因素的影响在美国政府的决策中尤其明显。

尽管双方在 11 月 18 日发表了开始进行贸易谈判的政府公告,但美英贸易协定谈判并未立即展开。这有两方面原因。首先,赫尔做出的立即开始谈判的声明并未能消除美英两国就具体商品上的争论,双方尤其是美国在这方面拒不让步影响了谈判的开始。在赫尔与林赛对话的当日下午,英方谈判代表夏克利等人就找到了 RTA 行政主管萨伊尔,询问是否该将此决定告知英联邦国家。萨伊尔却表示,在英国政府同意与美国会谈之前不该将赫尔的决定急于告知这些国家。他这是在暗示英国其他英联邦国家可能不肯这么容易接受美国的谈判条件。因为,"除非英国以 11 月 5 日方案为谈判基础,且做出进一步的减免措施并将其扩展到部分英联邦国家,否则那

---

① "Memorandum of Conversation, by the Assistant Secretary of State (Sayre)", November 16, 1937, FRUS,1937,Vol. II,pp.83 - 85.

② "Memorandum From The Department of State to the British Embassy", November,16,1937, FRUS,1937,Vol. II,p.85.

③ "Telegram From The Secretary of State to the Minister in Canada(Armour)", November 17, 1937, FRUS,1937,Vol. II,pp.166 - 167.

就不会有贸易协定。"①萨伊尔所指的进一步减免包括英国在电影工业等项目上做出实质让步。另外，美国好莱坞电影出口问题此时又浮上水面，阻碍了两国的谈判进展。美国电影制作与发行公司主席威尔·黑斯（Will Hays）多次找到赫尔等国务院高级官员"诉苦"。赫尔对此是认同的，他表示"电影应该成为谈判的重要部分"②。赫尔对黑斯指出，"我对美国电影工业在英国受到的威胁感同身受。我想有必要与英国大使商谈此事。"③英国对美国在双方好不容易达成一些共识后的这种意外之举感到非常难以理解。林赛对萨伊尔表示电影问题与贸易协定无关，因此英国政府肯定会拒绝商谈此问题。就这样，从双方表示要商谈贸易协定的 11 月至 1938 年年初，竟因为好莱坞电影的出口问题而耽误了被其视为关乎世界和平的正式贸易协定谈判的开展。

　　赫尔在好莱坞电影上的固执态度的根本原因在于国内日益高涨的对英美 RTA 协定的反对声。由于赫尔不断公开对各界呼吁 RTA 协定与维持世界和平息息相关，这就重新激起了美国国内经济民族主义者和各类贸易保护团体对 RTA 到底是个商业协定还是政治或外交协定的争论。更严重的是，由于英国是发达工业国家，与之签署互惠贸易协定必定会降低工业品进口关税，这引起了长期以来一直是 RTA 和国务院坚定支持者及盟友的东部工业集团的恐慌，声称他们的利益必须得到保障。同时，国内孤立主义势力借机大肆宣扬孤立主义，甚至想将其范围扩大到经济贸易领域。11 月 22 日，中西部保守主义贸易集团代言人洛基参议员（Henry Lodge）向参议院提出了一项议案，要求中止英美 RTA 谈判一年时间。理由是："在各国疯狂军备竞赛战争日益临近的情况下，美国不增加对其他国家的联系就显得至关重要。"④因此本来赫尔计划在 18 日的政府公报中强调协定的政治作用，然而考虑到国内孤立主义及保护主义集团的呼声，他最终打消了这个念头，不

---

① "Memorandum of Conversation, by the Assistant Secretary of State (Sayre)", November 16, 1937, FRUS, 1937, Vol. Ⅱ, p.86.
② "Telegram From The Secretary of State to the Charge in the United Kingdom (Johnson)", November 29, 1937, FRUS, 1937, Vol. Ⅱ, p.90.
③ "Telegram From The Secretary of State to the Charge in the United Kingdom (Johnson)", December 10, 1937, FRUS, 1937, Vol. Ⅱ, pp.91 - 92.
④ Arthur Schatz, "The Reciprocal Trade Agreements Program and the 'Farm Vote', 1934 - 1940", p.99.

得不在公众场合言不由衷地减少协定的政治意味，仅仅将其局限于经济领域。这同时也在提醒赫尔，对美国人来说，任何与英国达成的贸易协定都必须以美国经济获得实际利益为基础。

3. "肯尼迪回合"：美英 RTA 谈判的正式开始与 RTA 协定签订

1938 年初，盖洛普对美国农民进行了有关"政府的外贸协定是帮助还是损害了您身边的农民"的调查。结果显示，只有 19% 的农民认为 RTA 有帮助作用，49% 的农民反对，认为其损害了自身利益。具体从各个地区来看，在中西部只有 9% 到 17% 的农民支持 RTA，太平洋沿岸更是几乎一致反对此法案。甚至在赫尔的家乡，民主党传统选票区的南部农民对 RTA 的支持者与反对者比例也几乎相当，分别为 34% 和 33%。虽然调查结果令人沮丧，但是美国政府还是对 RTA 的继续实施充满信心。农业部长华莱士认为，未来将达成的协定一定会体现出 RTA 的优越性并提高其在民众中的支持度。[①] 赫尔对民众态度的反映显得非常谨慎，他认为同工业国英国达成的 RTA 协定一定会缓解民众的不满。

伴随着在电影等问题上的争吵，双方在 1938 年 2 月 23 日正式展开了 RTA 谈判。美方负责谈判的仍然是国务院贸易协定科，英国方面代表由美方已经很熟悉的夏克立及驻美大使林赛等组成。美国政府 3 月份任命约瑟夫·肯尼迪（Joseph Kennedy）为新任驻英大使，这也是一个影响重大的变化。在双方正式开始谈判前，英国代表团收到了张伯伦的指示，条约的政治意义至少与条约的经济意义一样重要。英国外交部副大臣卡多根（Alexander Cadogan）甚至打算借此机会使美国在政治上表明态度支持英国，他认为英美贸易协定能够支持英国的绥靖政策，并吓阻德国人不要"动用武力手段"。为此他建议双方签字时，最好张伯伦亲自去一趟华盛顿以展示两国"进一步合作的意愿"。[②]

正式谈判开始后，两国谈判代表却又很快陷入了就具体商品的讨价还价中。双方在如何对待木材、电影、纺织品等一系列商品问题上存在着明显的分歧。4 月 26 日，国务院理出了一份协议草案呈交给英国代表团。英国

① Richard Kottman, *Reciprocity and the North Atlantic Triangle*，1932 – 1939，pp.217 – 218.
② William Rock, *Chamberlain and Roosevelt: British Foreign Policy and the United States*，1937 –1940，Columbus：Ohio State University Press，1988，p.137.

政府对该草案十分不满。英国谈判代表团 5 月 6 日对美国国务院表示，美国在纺织品及木材上做得减让太少了，而"这些产品对英国的重要性就像美国为农产品扩大市场一样重要"。接受这样的提议只会导致英国"一丁点贸易的增长"。在美国对英国保持贸易顺差的情况下，这是不会为英国民众所接受的。① 而美国则坚持要求英国作出退让。例如在木材出口问题上，由于长期受到帝国特惠制的限制，美国木材不能正常地与加拿大竞争。这些公司甚至要求国务院在迫使英国开放市场的同时，对加拿大等国的商品关闭美国市场。5 月 2 日，全国木材生产协会的康普顿(Wilson Compton)拜访了萨伊尔和国务院顾问阿尔杰·希斯(Alger Hiss)并转述了以上观点，如此激烈的言辞甚至让在 RTA 协定上从不牺牲美国利益的萨伊尔都感到难以接受。

　　由于双方在具体商品问题上的分歧，达成 RTA 协定的工作进度再次被拖延。而此时，德国对捷克斯洛伐克的扩张野心造成了"五月危机"，欧洲再次濒临战争。紧张的国际局势使赫尔取消了外出避暑的假期，继续留在华盛顿，"在任何时候都与谈判保持联系。"② 经过与英方代表的接触以及由驻英大使肯尼迪传回的情报分析，赫尔等人认为英国代表与张伯伦之间还是存在不同的。张伯伦更倾向于尽快与美国达成协定，"他们不会从目前的立场移动一英尺，直到张伯伦发出指令。"③ 于是赫尔打定主意，要取得突破就必须直接主动接触张伯伦。

　　英国方面，1938 年年初，由于美国经济再度陷入衰退，美国购入英国的货物大减，从而影响了英国经济。据统计，英国对美国的出口从 1937 年第一季度的 5 890 万美元大幅下跌至 1938 年第一季度的 2 730 万美元。而美国对英国的出口却从同期的 1.083 亿升至 1.535 亿美元。④ 再加上美国在谈判中表现出来的强硬态度和民族利己心理，张伯伦已经对美国感到不满。

①　"The British Trade Delegation to the Department of State", May 6,1938, FRUS,1938,Vol. II, pp.30 - 33.
②　"Telegram From The Secretary of State to the Ambassador in the United Kingdom (Kennedy)" July 18,1938, FRUS,1938,Vol. II,p.38.
③　John Blum, ed., *From the Morgenthau Diaries, Years of Crisis, 1928 - 1938*, Boston: Houghton Mifflin,1959, pp.203 - 204.
④　"The British Trade Delegation to the Department of State", May 6,1938, FRUS,1938,Vol. II, pp.30 - 33.

他 3 月初对肯尼迪说道,"英国遭到美国经济下滑的极大影响,如果美国经济不止跌回升的话,那将使他大受打击。"①然而 3 月 12 日,德国吞并奥地利,并紧接着将扩展矛头对准了捷克斯洛伐克。欧洲的政治形势使英国对政治危机的担忧盖过了经济问题。正如一名负责英美 RTA 谈判的英国外交官所说,"一份令人满意的协定的结果近在咫尺,它在最低程度上也会对目前令人焦虑不安的时刻起到维护和平的有限作用。"②7 月底,张伯伦在英国议会发表有关美英关系演讲,他表示:"英美关系从未像今天这么好。就贸易协定来说,我认为它不单单是一份商业协定,(尽管)如果达成公平的协议的话会造福两国。而是一次展示两个国家共同处理问题的努力。如果我们两国能达成协定的话,这将为更广泛意义上的(合作)政策开路。"③

张伯伦和英国政府的态度坚定了赫尔直接与其对话的信心。7 月 22 日,赫尔要求由肯尼迪作为中间人,立即"清楚、坦率却又不能让他感到我有批评之意"地与张伯伦进行对话。他要肯尼迪对张伯伦说明,美国认为一份令人满意的合约是建立在英国接受美国已经提出的要求上的。美国绝不会为了达成协定而在这些问题上让步。为了使张伯伦接受条件,赫尔要求肯尼迪对张伯伦强调两个问题。第一,强调美国国内的反对使得签订协议的机会正在消逝。由于协定拖延日久,美国国内的反对声已经不绝于耳。为了官员们的假期而中断谈判六个星期将会加剧这种批评和商界的担心。④ 第二,强调国际政治危机需要英美尽快达成协定。这是赫尔的重点。25 日赫尔先是通过越洋长途电话,再是发电报给肯尼迪向张伯伦表示,美国目前之所以寻求达成协定,主要是为了使其成为一种强有力的手段去纠正世界各地不稳定的政治及经济状况。"没有什么行动能比我们两个伟大的国家达成一个开阔而基本的贸易协定,对欧洲及世界其他地方的和平与政治稳定做出更多贡献。"如果张伯伦和英国政府不能以更开阔的视角来看问题,"德国、意大利、日本及其他国家就会认为我们两个国家不能坐在一块

---

① Richard Kottman, *Reciprocity and the North Atlantic Triangle*, 1932–1939, p.223.
② 转引自周军:《略论 1938 年美英互惠贸易协定》,《安徽师范大学学报》(人文社会科学版),2003 年第 6 期,第 701—702 页。
③ Richard Kottman, *Reciprocity and the North Atlantic Triangle*, 1932–1939, p.224.
④ "Telegram From The Secretary to the Ambassador in the United Kingdom (Kennedy)", July 22,1938, FRUS,1938,Vol.Ⅱ,pp.38–39.

儿。"赫尔表示其他国家都在看着英美是否能达成协定,"如果经过这么久的讨价还价,仍旧只能达成一个狭隘的贸易协定,那就不仅会伤害到我们两国的关系还会对和平及经济的改善造成沉重打击。"在这次长途电话中,赫尔还提及了自己对国内孤立主义的担心。他认为目前英国与美国国内存在一种"狭隘、片面及自私的"势力,必须通过更开阔全面的贸易协定使这些人获利并转变看法。最后,他还不无忧虑地指出,"如果错失这个机会,美国人民一定会使这个国家转向政治与经济上的孤立。"①

与赫尔不同,身处第一线的肯尼迪最初对于张伯伦的态度却没有多少把握。在与张伯伦谈话之前,肯尼迪先试着将赫尔的态度转达给了英国贸易协会主席斯坦利,他已经发现斯坦利并不为之所动。因此肯尼迪对赫尔的方案能否打动张伯伦是没有把握的,他甚至担心张伯伦得知此事后会立即否决赫尔的提议,从而使之前所有的努力都付诸东流。

出乎预料的是,在与肯尼迪会谈后,张伯伦非但没有大发雷霆,还表示将支持尽快达成贸易协定,并在两人26日的对话后吩咐斯坦利"努力达成协定"。② 在7月28日召开的英国内阁会议上,张伯伦表示,"越是使欧洲各国认识到英美正在合作,(我们)在军备上的开支就会越少。"在张伯伦的强烈建议下,内阁一致认为,英美贸易协定的政治和国际意义非常重要,为此英国代表团需要做出一些让步。③

与此同时,赫尔向英国代表团提出请求,要英国对美国出口的道格拉斯冷杉和其他软木给予5%至10%的关税减免。赫尔表示其只是想为美国的木材恢复因1932年渥太华协议而失去的市场,不会对帝国特惠制造成太大的影响,而且还会降低世界上木材的价格。④ 赫尔还表示如果美国彻底对加拿大的木材免除关税的话,英国也该对美国的木材免除关税,同时将从波罗

---

① "Telegram From The Secretary of State to the Ambassador in the United Kingdom (Kennedy)",July 25,1938, FRUS,1938,Vol. Ⅱ,pp.39 - 42.
② "Telegram From The Ambassador in the United Kingdom (Kennedy) to the Secretary of State",July 26,1938, FRUS,1938,Vol. Ⅱ,pp.44 - 45.
③ William Rock, *Chamberlain and Roosevelt: British Foreign Policy and the United States, 1937 -1940*,p.137.
④ "Memorandum From The Department of State to the British Embassy",July 27,1938,FRUS, 1938,Vol. Ⅱ,pp.45 - 47.

的海国家进口的软木数量降低到 7.5% 以下。①

　　然而英国贸易协定代表团似乎对赫尔伸出的试金石和张伯伦的态度置若罔闻。英国首席代表奥维顿(A.E.Overton)26 日对哈里·霍金斯表示,不要指望英国会在重要物品上让步。② 刚从夏季假期中归来的国务院欧洲司司长莫法特 7 月 28 日指出,谈判时英方代表仍然是那么固执,"英国并未从原先的立场上后退,坚持由美国来扮演(送大礼的)圣诞老人"。③

　　事实上,27 日英国内阁已经同意在除了木材的所有问题上都接受美国的要求,英国这一新的态度 29 日由林赛"兴高采烈地"转告给了韦尔斯。而美国也打算相应地在纺织品问题上对英国做出让步,但坚持英方必须在木材问题上做出让步。④ 8 月 1 日,林赛主动拜访赫尔,表示英国政府希望尽快结束谈判,签订协议。赫尔也放弃了其他问题上的要求,只需英国在木材上"完全地、无条件地"同意美方的条件。⑤ 8 月 15 日,德国开始针对捷克斯洛伐克进行大规模军事演习,欧洲战争一触即发。当天张伯伦找人向莫法特表示,自己"全心全意希望能尽快达成协定"。⑥

　　正当双方接近达成最后协议,甚至已经开始为签约仪式进行准备之时,美方突然的反复却再次阻碍了谈判的进行。8 月 19 日,本着尽快达成协定的考虑,林赛主动前往拜访了赫尔,不料却冷不防地为赫尔的态度感到"惊慌和不知所措"。赫尔让人出乎意料且态度强硬地表示美国过去的贸易协定都是在平等待遇的基础上和别国达成的,而现在英国却没做到这点。他指出,美国已经取消了 30 至 40 种商品上的要求,只需要英国在木材等问题上满足条件,不然的话,美国政府会失去国内的支持。⑦ 8 月 31 日,赫尔要

① "Telegram From The Secretary of State to the Ambassador in the United Kingdom (Kennedy)",July 27,1938,FRUS,1938,Vol.Ⅱ,pp.47－48.
② "Memorandum of Conversation, by the Chief of the Division of Trade Agreements (Hawkins)",July 26,1938,FRUS,1938,Vol.Ⅱ,p.42.
③ Richard Kottman, *Reciprocity and the North Atlantic Triangle*, 1932－1939,p.254.
④ "Memorandum of Conversation, by the Under Secretary of State(Welles)",July 29,1938,FRUS,1938,Vol.Ⅱ,pp.48－49.
⑤ "Memorandum of Conversation, by the Secretary of State", August 1,1938,FRUS,1938,Vol.Ⅱ,pp.49－50.
⑥ Richard Kottman, *Reciprocity and the North Atlantic Triangle*, 1932－1939,p.224.
⑦ "Memorandum of Conversation, by the Secretary of State", August 19,1938,FRUS,1938,Vol.Ⅱ,pp.51－53.

求肯尼迪转告斯坦利或者其上级，英方要想尽快达成协议，就应该满足美国在农产品和木材问题上的要求。①

9月9日，心急如焚的林赛主动走访萨伊尔，以探求其态度并寻求其对尽快达成谈判的支持。或许是出于软硬兼施的策略考虑，此时萨伊尔的态度明显比赫尔温和。为了不使双方的谈话彻底破裂，萨伊尔赶紧提醒道，现在最重要的是德国的战争威胁，"战争正在迫近，德国在扣响我们的大门，而我们却还不能达成并签署协定。当未来已经非常危险之时，谈判却还在陷入每英镑、每先令、每便士的讨价还价中"。林赛表示其"全心全意地支持"萨伊尔的看法。萨伊尔还对林赛指出，如果不尽快达成协定，他恐怕日后再也没有这样的机会了。他坦率地说道，美国要求英国对主要在中西部生产的木材作出让步的主要原因在于这可以抵消美国在东部尤其是新英格兰地区对英国纺织品所做的关税减免。最后，萨伊尔还建议由双边首脑赫尔和张伯伦通过电话直接进行交谈。②

9月12日希特勒在纽伦堡发表讲话，对苏台德地区的德意志人传递了开始暴动的信号。第二天，苏台德地区发生骚乱。欧洲这座巨大的火药库随时都有爆炸的可能。在这种情况下，英美还迟迟不能达成RTA协定。这种情况令很多外交人士都感到失望，他们开始认识到光靠一纸贸易协定是不可能维持世界和平的。莫法特在日记中写道，"贸易协定现在并不能缓解世界的紧张状况。"③9月15日，在美国政府坚决不肯放弃其要求的情况下，英国政府也认为，随着11月的国会选举临近，美国政府可能会"越来越苛刻，并利用英国深陷于欧洲争端而达成一份对英国不公平的协定"④。在经济问题遇到障碍的情况下，罗斯福政府在政治上采取了更加果断的行动。9月27日，罗斯福致信德英法等有关各方，要求其尽一切可能维持和平。在张伯伦与希特勒达成慕尼黑协定后，罗斯福致其的电报中表达了绥靖德国的态度，"我完全赞同你的信念，现在是近些年来构造建立在公平和法律上

---

① "Telegram From The Secretary of State to the Ambassador in the United Kingdom (Kennedy)", August 31, 1938, FRUS, 1938, Vol. Ⅱ, p.53.

② "Memorandum of Conversation, by the Assistant Secretary of State (Sayre)", September 9, 1938, FRUS, 1938, Vol. Ⅱ, pp.53 - 55.

③ Richard Kottman, *Reciprocity and the North Atlantic Triangle*, 1932 - 1939, p.257.

④ Ibid, p.259.

的新秩序最好的机会。"①但是这样的政策却不是赫尔的 RTA 协定所支持的。

随着慕尼黑协定的签订,欧洲政治局势出现了暂时缓和。这使得英国政府能够稍微拨开政治单独考虑经济上的问题。张伯伦和英国政府对英美互惠贸易协定的态度也自然发生了改变。10 月初,著名经济学家凯恩斯在《泰晤士报》上发表文章指出,由于英国从美国大量进口导致贸易平衡日益恶化,因此英国应该采取易货贸易的方式。②凯恩斯的观点对两国 RTA 谈判造成了很大影响,英国政府也开始更加从容地应对美国的要求。10 月 19 日,英国内阁会议着重探讨了英美贸易协定的问题。英美之间冗长的贸易谈判过程已经令张伯伦感到厌烦。他发表讲话指出,其从未期待通过达成贸易协定以获取美国在经济和政治上的支持。现在与美国签订协定只能获得一些不那么对英国有利的东西。他指出现在与美国达成协定的目的只是为了避免"两方展开激烈的论战。"因此,在这种情况下英国政府不会再对美方的要求做出让步。与此同时,达成慕尼黑协定后,对美国的不信任还导致英国继续秘密接触德国以避免"对美国的不健康依赖"③。内阁会议当天,英国政府经济贸易问题代表莱斯罗斯(Leith-Ross)在接见来访的德国经济代表团时表示,英国渴望与德国达成英德贸易协定,并通过易货贸易协定开发中欧市场。他指出,"如果欧洲主要强国不齐心协力共同应对来自美国的挑战的话,欧洲经济就将处于严重的危险之中。"④英国也故意推迟了对美方要求的回复。整个 9、10 月份,英美 RTA 协定谈判一直处于停滞状态。

只有在这个时候,美国政府才终于意识到不能再拖延了。张伯伦态度发生转变的信息由驻英大使肯尼迪告知了赫尔。消息灵通的肯尼迪此时已经得知英国政府正在力图与德国商谈经济合作事宜,而且这一合作还可能将是建立在美国最反对的双边易货贸易上的。因此,他专门提醒赫尔要谨

① William Langer & Everett Gleason, *The Challenge to Isolation*, *1937 - 1940*, New York: Harper & Brothers, 1952, p.35.

② "Telegram From The Ambassador in the United Kingdom (Kennedy) to the Secretary of State", October 7, 1938, FRUS, 1938, Vol. II, pp.59 - 60.

③ William Rock, *Chamberlain and Roosevelt: British Foreign Policy and the United States*, *1937 -1940*, p.138.

④ Patricia Clavin, *The Failure of Economic Diplomacy: Britain, Germany and the United States*, *1931 -1936*, p.193.

慎行事，"避免把整个事情搞砸"。① 10 月 25 日，林赛与奥维顿对赫尔转达了英国政府对其要求的最后答复，其中对棉花和玉米等商品做了有利于美国的让步，而在木材问题上，英国立场依然未改变。林赛对赫尔表示，美方需要有帝国特惠制一直存在下去的准备，这已经是英国政府"最大可能的让步"②，"现在该您的政府做出最后决定了"。③

在失去了国际政治危机这一王牌之后，赫尔此时确实是黔驴技穷了。他知道在英德协定达成后，美国已找不到更好的手段使英国接受美国的条款。另外考虑到议会选举在即，他知道要么立即与英国达成协定，要么这一协定在最近的将来很难再有比此时更容易达成的机会。在此番与林赛等人的谈话中，赫尔暗示其将接受英国的条件。此时，他终于可以直言不讳地长叹，与英国的谈判经历了比前面所有已签订的贸易协定多 4 倍的困难，"如果英国及英帝国能够继续维持下去，并承受由于闭关锁国政策造成的落后，美国也无所谓。"④欧洲司司长莫法特也表态支持英国的答复，尽管英方没有完全接受美国的要求，"但是我支持立即达成协定，因为恐怕随着形势的变化，(签约的)黄金机会正在消逝。"⑤此时，急需以此协定赢得议会选举的罗斯福也表示"我想签订协定。"⑥11 月 3 日华盛顿时间下午五点和晚上十点，赫尔连续给肯尼迪发了两封重要的电报。在电报中，赫尔正式表示接受英国的提议。电报这样写道：

> "我们已经从英国得到了所能得到的一切，我也不打算做进一步的让步。………在反复思虑后，经总统同意，我已决定接受英国的回复，并立即开始签署贸易条约。我们也希望从英国处获得更多的让步，但为了不再重新谈判和避免进一步拖延，我认为英国目前的条件已到了

① "Telegram From The Ambassador in the United Kingdom (Kennedy) to the Secretary of State", October 18, 1938, FRUS, 1938, Vol. Ⅱ, pp.65 – 66.
② "Memorandum of Conversation, by the Secretary of State", October 25, 1938, FRUS, 1938, Vol. Ⅱ, pp.67 – 68.
③ "Letter From The British Ambassador (Lindsay) to the Secretary of State", October 25, 1938, FRUS, 1938, Vol. Ⅱ, pp.68 – 69.
④ "Memorandum of Conversation, by the Secretary of State", October 25, 1938, FRUS, 1938, Vol. Ⅱ, pp.67 – 68.
⑤ Richard Kottman, *Reciprocity and the North Atlantic Triangle，1932 – 1939*, p.263.
⑥ Ibid, p.265.

它能让步的极限。·········鉴于英国国内反对与我方签订贸易协定的情绪高涨,美国应该加快签署步伐。"①

1938 年 11 月 17 日,经过了长达两年多的漫长谈判,在白宫东厅,赫尔、林赛和加拿大总理金一起出席了美英互惠贸易协定签字仪式②。赫尔无疑是所有人里最满意的。正如莫法特在日记中记载,"今天是赫尔先生职业生涯中的重大日子。"白宫为此举办了盛大宴会,罗斯福总统也出席了仪式。然而美中不足的是,尽管连金都曾力邀其前往,但已被美国人反反复复搞得疲惫不堪的张伯伦却没有了兴致。他以国内反对呼声强烈为由拒绝前往。这不由得使人对日后的美英关系前景感到担忧。

4. 小结

英美互惠贸易协定的签署被美国众官员称为自 1934 年以来自由贸易最大的成就。协定签订以后,有调查显示,美国 86% 的民众都表示支持。③ 由于双方漫长的谈判加剧了两国之间的不信任感,两国的媒体在提及此事时,虽都提到了其有着潜在的政治意义,却并未具体详谈。贯穿两国谈判中的一个重要愿望就是以协定彰显两国的团结合作,并以此开放世界市场,维持世界和平。不过这种经济外交意图很难说是实现了。签约时张伯伦未在现场主要体现了他对美方在谈判中不肯让步的不满。他甚至认为:"美国对互惠的宣扬根植于其对特惠制及其后的英帝国的极端仇视。"④带着这种看法和对美国的不信任,他继续贯彻对德国的绥靖政策,并在年底邀请德国代表团来伦敦协商经济事务。这让德国人都感到英国是"害怕被迫落到在经济上和政治上依赖于美国的地步"⑤。1939 年 3 月,德国违背慕尼黑协定,侵占整个捷克斯洛伐克。9 月,德国闪击波兰,第二次世界大战正式爆发。这之后,作为战争准备的一部分,英国重新加紧了贸易管控。1938

---

① "Telegram From The Secretary of State to the Ambassador in the United Kingdom (Kennedy)", November 3, 1938, FRUS, 1938, Vol. Ⅱ, pp.69 – 71.
② 当天同时进行了美国与加拿大的互惠贸易协定(1935 年 11 月签署)的第一次补充协定签署仪式。
③ Richard Kottman, *Reciprocity and the North Atlantic Triangle*, 1932 –1939, p.271.
④ 转引自周军:《略论 1938 年美英互惠贸易协定》,《安徽师范大学学报》(人文社会科学版),2003年第 6 期,第 703 页。
⑤ 麦克唐纳著,何抗生等译:《美国、英国与绥靖》,第 139 页。

年的英美 RTA 协定的基本精神被颠覆。[1]

　　在回顾这段经历时，美国诸多国务院官员都认为，美国政策的唯一错误在于英美 RTA 协定"达成的时间太晚，没有提供检验的机会，也无从看到它对德国、苏联以及意大利等国的国家贸易体系将会造成的影响。"[2]尽管英美协定未能阻止大战的爆发，也未能完全打破英国的帝国特惠制，但理想主义者赫尔一直相信这不是 RTA 本身的问题，"如果英美贸易协定是第一批而非最后一批签订的协定，欧洲的历史就可能完全不一样了。"[3]赫尔这种对 RTA 协定的重视态度继续体现在接下来的几次 RTA 通过国会续订过程的论述中（1940 年、1943 年）。赫尔表示，RTA 协定是使战后世界实现和平的唯一方法，要实现真正的和平就必须在世界实现自由贸易。按照他的这种设想，美国政府将实现自由贸易作为其在战后构建多边自由国际体系的重要目标和方法。最后，英国的帝国特惠制在战争结束后终于被打破了，RTA 的核心原则"无条件最惠国待遇"、"平等待遇原则"也成了战后几大国际组织（如关贸总协定）的根本原则。

　　需要指出的是，赫尔在经贸问题上的最终胜利不能掩盖 30 年代中后期罗斯福对 RTA 谈判和国务院战略的怀疑。罗斯福对赫尔以自由贸易原则维持世界和平的主要意图是认同的，正如他在慕尼黑协定后告诉加拿大总理金那样，"除非整个欧洲都在降低军备和降低关税壁垒这两个重大问题上做出改变，一次新的危机又会爆发。"[4]然而罗斯福是个实用主义者，同时信奉竞争主义的用人哲学。这使他不完全认同赫尔的理想主义，且不会把所有的希望都寄托在赫尔身上。他告诉与赫尔有竞争关系的财长摩根索："贸易协定实在太慢了，而世界的变化却太快。"[5]在国内强大的政治孤立主义影响下，他有时还不得不依赖赫尔及其经济外交手段。但在贸易协定长久不能达成，国际形势也日益恶化的情况下，罗斯福开始逐渐对赫尔的计划感到怀疑。他认为开放自由贸易会令德国和意大利更容易获取整军备战的物

---

①　Douglas Irwin, *Clashing over Commerce: A History of US Trade Policy*, p.439.
②　转引自张振江著：《从英镑到美元：国际经济霸权的转移，1933—1945》，第 148 页。
③　Cordell Hull, *The Memoirs of Cordell Hull*, p.530.
④　Arthur Schatz, "The Anglo-American Trade Agreement and Cordell Hull's Search for Peace *1936 – 1938*", p.102.
⑤　John Blum, ed., *From the Morgenthau Diaries*, *Years of Crisis*, *1928 – 1938*, p.524.

资,从政治上解决问题才是关键。随着战争的临近,他这种感觉越发强烈。例如他在 1939 年"二战"爆发前对内政部长伊克斯表示,"认为美国能凭借在这个地方卖几箱苹果,在那个地方卖几辆汽车就能实现(外交)目的太荒谬了"。①

这里有两个问题值得探讨。首先,从上文可以看出,英美 RTA 谈判不仅是赫尔与张伯伦等最高层的谈判。英美两国大使如林赛、宾厄姆以及肯尼迪等都在双方谈判以及最终达成一纸协议的过程中起到了重要作用。尤其是历来由于"绥靖"和"反英"主张被其政府同僚及后世史家所谴责和嘲笑的肯尼迪家族"大掌柜"约瑟夫·肯尼迪在其中起到了非常重要的作用。尽管肯尼迪曾对英国在 RTA 协定谈判中的态度提出过批评,甚至也曾要求过英国更多的让步,但是作为一名身处第一线的职业外交官,肯尼迪的态度并不像那些难以亲自出国了解英国实情的国务院高层人员那样呆板。自从 1938 年 3 月接替宾厄姆担任美国驻英大使之后,肯尼迪凭借其在英美两国外交和权势集团内部极为广泛的人脉关系和卓越的外交洞察力,多次为美国传回有极高价值的英方最新动态的情报。除此之外,肯尼迪还是一个有着独立见解和思考,不惟长官之命是从的外交官。试想,如果不是肯尼迪多次在紧急关头力劝赫尔要冷静,"避免把整个事情搞砸",并及时传回有关英国政府态度发生改变和已经开始接触德国人的报告,美国政府想要在 1938 年左右甚至更长时间内与英国达成 RTA 协定即使不是不可能也是相当困难的。美英 RTA 谈判临近尘埃落定之时,作为当事人的赫尔对肯尼迪在美英 RTA 协定谈判过程中所起的作用也给出了中肯的评价,"你的分析电报非常精彩,尤其是你对与英国政府商谈贸易协定的相关评论更是让我佩服。"②在 RTA 协定即将签署前的最后日子中,几乎每次与英国政府最高领导人的接触都是由肯尼迪负责的。因此,从美国对外经济政策的角度出发,本书将英美 RTA 正式商谈阶段命名为"肯尼迪回合"。

另一个值得探讨的问题是,为什么 1938 年 7 月底赫尔强调与英国的接

---

① Arthur Schatz, "The Anglo-American Trade Agreement and Cordell Hull's Search for Peace 1936 - 1938", p.101.

② "Telegram From The Secretary of State to the Ambassador in the United Kingdom(Kennedy)", November 3,1938,FRUS,1938,Vol. Ⅱ,p.69.

触中"不让其感到有批评之意"，并且还多次强调在国际形势下尽快达成协定的重要性。而从 8 月份开始，在谈判的最后阶段，其态度却明显更加强硬，甚至拖延了协定的达成。搞清楚这个问题对本书的写作目的，及国际大环境和国内政治博弈对 RTA 的影响有重要意义。笔者认为，赫尔的态度转变主要有以下两方面原因。

第一，这与赫尔本身的政治素养和其宽广的国际眼光有关。赫尔虽然极端反感帝国特惠制，认为这是导致世界政治危机的原因之一，并一直以来都渴望彻底打破它，然而赫尔却绝不是一个狭隘的经济民族主义者。他认为在美国政治孤立主义的背景下，英美 RTA 协定是彰显民主阵营的团结，并维持世界和平的重要手段。他曾在 1938 年 7 月对即将回国述职的德国驻美大使狄克霍夫发出严厉警告，希望德国不要破坏欧洲和平，否则"导致世界战争的民族将一个人也不留下。"①然而 9 月份却有统计表明，大约有80％的美国民众拒绝采取任何干涉欧洲政治的行动。② 这种情况使赫尔和罗斯福政府更加依赖以 RTA 维持和平的方法。9 月 1 日，罗斯福亲自指出，除了军队和贷款外，其他什么都可以指望美国。③ 越依赖 RTA 就越想全面发挥其作用，而不愿意只满足于一项权宜之下的协定。尤其是在多方面信息都表明谈判很快就将达成的情况下，作为谈判者一方的赫尔这么做的动机就不难看懂了。这从 8 月份开始赫尔多次对谈判耗时日久却不能达成满意的结果感到不满中可以看出。而且他虽然想在谈判即将达成的最后时刻赌上一把，却还是接受了英国的提议。因此，在谈判即将结束时，赫尔内心这种细微的心理变化是其对英国态度从以往的克制转为强硬顽固而最后还是接受妥协的重要原因。

第二，笔者认为，国内政治考虑是赫尔态度变动的更深层因素。上文已经指出，RTA 具有自身的工具理性，那就是必须不断开拓新的出口市场以满足美国国内的需要。这样的"自行车理论"使得赫尔和国务院一刻都不能只顾及 RTA 的外交层面而忽视其商业层面。自 1934 年以来，由于 RTA 之前多是与农业国家达成，国内民众尤其是在国会中有巨大影响的中西部

① Cordell Hull, *The Memoirs of Cordell Hull*, p.585.
② Frederick MarksⅢ, *Wind over Sand*, *The Diplomacy of Franklin Roosevelt*, p.144.
③ Ibid, p.144.

农业利益集团对贸易协定的不满日益增加。RTA及行政机构谈判贸易协定权力多次面临被国会否决的局面。1938年开始,这一趋势愈演愈烈。年初的盖洛普调查显示全国有49%的农民感到其利益受到了RTA降低关税的损害。1938年是国会选举的年份,但美国国内却充满了RTA为了政治和外交上难以实现的世界和平、多边贸易等而牺牲了美国农民利益的指责。具有重大影响力的全国农业协进会(The National Grange)认为,美国"不应该承担全人类的贫困"。4月,来自俄勒冈州的众议员皮尔斯在国务院下属的互惠信息委员会(Committee for Reciprocity Information)作证时的观点体现了当时广为流传的对RTA协定的看法,"对最惠国待遇原则的理想主义源于那些梦想家们,他们妄图通过贸易协定改变整个旧世界,制止战争、消除黄祸和共产主义的传播。而对一无所知的养牛人来说,这样的政策简直是蠢极了。"[1]在这样大范围的反对声中,一向支持国务院的农业部长华莱士也表示英国应该在农业问题上进行更多的减免。[2] 国务院如果不能在1938年11月的国会大选前与英国等工业国家签订RTA协定,以扩大美国农产品的出口,那么1934年好不容易得来的行政机构对贸易协定的控制权就可能再次丧失,美国就有可能再度进入经济民族主义和全面的孤立主义。赫尔对此有着充分认识。他多次向英国说明美国需要其做出让步正是以此为出发点。随着国会大选的日益临近,为了维护RTA体制,赫尔态度显得更加强硬。

---

① Arthur Schatz, "The Reciprocal Trade Agreements Program and the 'Farm Vote', 1934 – 1940", p.512.

② "Memorandum of Conversation, by the Assistant Secretary of State(Sayre)", September 16, 1938, FRUS, 1938, Vol. Ⅱ, p.56.

结　语

　　1939 年 9 月 1 日,纳粹德国进攻波兰,第二次世界大战正式爆发。几年后,美国也加入到这场人类历史上最大规模的战争中。"二战"爆发后,赫尔逐渐重新得到罗斯福的信任。此时罗斯福和美国政界考虑的是如何在战争结束后建立持久的和平,而赫尔抓紧时机在 1939 年年底发表演说,指出:"如果这个世界上有什么东西是肯定的话,那就是在现在的战争结束后,人们会比以前更加迫切需要以强有力的行动来恢复和促进健康和互利的世界贸易","而如果在近几年中正在这项重要的工作中承担世界领导作用的美国反转其现有的贸易政策,并扭头重新拥抱自杀的经济民族主义和斯穆特·霍利关税,这一宝贵的机会将会失去。"①罗斯福赞成这样的观点,并越发支持国务院所开展的重建多边自由国际秩序的活动。正如赫尔所说,"自 1933 年以来第一次感觉到总统真正站在我一边支持贸易协定。"②

　　对于赫尔和他在国务院的支持者来说,这场战争给了他们宝贵的构建多边自由国际体系的机会。他们不想再重复由于未能成功建立美国领导的国际体系的历史。他们认为,要想建立持久的和平就必须推动世界贸易的增长。③ 美国的政治精英们深深地担忧由国家主导的贸易体系和国家掌管的企业会使得以私人企业为基础的美国经济难以在世界贸易中立足。④ 按时任国务院助理国务卿的艾奇逊(Dean Acheson)在"二战"结束前所说,要解决这些问题,"就需要继续扩展我们已经进行的努力,即通过互惠贸易协

---

①　Cordell Hull, *The Memoirs of Cordell Hull*,pp.746 – 747.

②　Ibid,p.747.

③　Douglas Irwin, *Clashing over Commerce: A History of US Trade Policy*, pp.456 – 457.

④　Ibid, p.457.

定来鼓励建立在非歧视原则基础上的私人贸易的扩张"。[1]

随着美国正式参战,美国越发成为盟国的粮仓和军火库。国内的经济迅速好转,失业率下降,过剩的工农业产品也找到了出路,进出口贸易大幅增长。在这种情况下,RTA法案不但成功地在战争期间多次得到了国会两院的延长,而且原先对RTA法案持坚决反对态度的共和党也开始发生转变。越来越多的共和党议员和民主党议员一起开始支持RTA法案和美国积极参与国际事务,构建新的国际秩序。美国逐渐从孤立主义走向了构建美国主导的多边自由主义制度。而由于战争中的英国急需获得美国的援助,因此赫尔等人获得了比先前任何一次与英国的RTA谈判时都更有利的地位。经过谈判,终于建立了美国主导的多边自由国际体系。

然而,这些变化来得太晚,至少没有按照赫尔的意思在30年代末期实现,也没有能够成功阻止战争的爆发。著名外交史学者阿瑟·施莱辛格在评论美国外交政策时曾精辟地指出:"外交政策是一个国家对外展示其面孔,所有国家的目标都是保护本国的利益。然而,一个国家设计和执行本国外交政策的方式受其国家特性的巨大影响。"[2]20世纪30年代美国的对外经济政策就深刻地反映了美国国内政治的特性。30年代堪称美国历史上少有的大变革年代。学界普遍认为罗斯福任总统时期是美国联邦政府权力最大的时期之一,罗斯福似乎在某些学者笔下成了所谓的"帝王式总统"。其实这样的论断只适合于"二战"爆发后的美国政府。而30年代中期的美国政府及其总统,是无论如何也不能与"帝王式"这样的概念联系起来的。就美国的对外经济政策来说,这个特点显得尤为突出。在30年代的大变局下,以1934年RTA法案出台为标志的美国联邦政府终于从国会手中获得了期待已久的权力,得以在对外经贸领域更加灵活、主动地行动。不过这样的权力只是写在纸上的权力,总统领导的行政部门所获得的与外国政府商谈及签订贸易协定的权力本身得来不易,每隔3年还要受到"国会山群狼"的重新追逐和争抢,这样的争抢更加凸显了RTA法案的珍贵性。美国国内政治特有的平衡制约机制使得政府必须时时刻刻提防来自保守主义利益集

① Douglas Irwin, *Clashing over Commerce: A History of US Trade Policy*, p.463.
② Arthur Schlesinger, *The Cycles of American Diplomacy*, Boston: Franklin Library, 1986, p.52.

团的约束和反击。

通过本研究,笔者发现在有关 RTA 的问题上,这种平衡甚至是种不牢固的平衡,随时可能发生有利于保守主义贸易利益集团的转变。对于国务院这一负责 RTA 日常行政的机构来说,这一担忧尤甚。以赫尔为领导的美国国务院,在 30 年代的具体形势下,对 RTA 法案给予了极大的期望。一方面,RTA 被赋予了明显的外交工具意义。面对当时日益恶化的国际局势,赫尔等人期望以 RTA 为经济外交工具维护世界和平,最终建立以多边自由贸易制度为基础的美国世界霸权。另一方面,RTA 法案又寄托了美国扩大其产品出口的急切愿望。它之所以能获得国会通过,就在于国会及美国民众都认为提高政府在外贸问题上的权力有助于外贸效率的提升,从而增加美国产品的出口。一时间,RTA 既作为了外交软件,又充当了美国经济的出口工具。这使得 RTA 法案及美国政府与他国的 RTA 谈判步履维艰,充满险阻,并构成了美国罗斯福政府以 RTA 为中心进行的经济外交政策的最大矛盾。

至少是在贸易问题上,这段时期美国政府在与他国进行 RTA 谈判的过程中不但没能以国际政治形势紧张为理由在国内获取或试图获取支持,相反倒是多次由于国内因素的阻挠使 RTA 谈判断断续续、走走停停。美国政府利用紧张的国际政治形势加强在贸易谈判等问题上权力的这种现象,是在"二战"爆发后才出现的。在 30 年代美国政府与其他国家进行有关 RTA 的谈判中,多次出现由于国内经济利益受损或是可能受损而导致的暂时或永久性中断现象。这些现象包括美英谈判高潮时期出现的好莱坞电影事件;对维护世界和平至关重要的美德谈判由于中西部农场主抗议或者美德在拉美的贸易竞争而中断;以及美国与另外国家谈判时出现的无数次中断或休会等。尽管 RTA 法案最终建立起了美国领导的多边自由世界秩序,但在 30 年代的国际背景下,罗斯福政府以 RTA 为中心开展的经济外交并没有什么成功之处,相反还可以说是相当失败的,并没有起到维护世界和平的作用。

30 年代美国之所以通过经济而非政治的方式来维持世界和平,有两个主要原因。首先,美国的外交传统强调通过经济或技术手段而非直接地政治军事干预来维持世界和平,强调一种不对称反应的概念,即以己之长克敌之短。它一直坚信富裕的国家之间不会有战争，通过对外大量输出美元和经济援助，不但可以解决各国经济困难和政治上的纠纷，还可以使美国避免卷入任何对外的政治中。

其次，对罗斯福政府来说，受限于国内浓厚的政治孤立主义思潮而很少能有经济外交之外的选择。30 年代，罗斯福几次试图冲破政治孤立主义的行动都以失败告终，而且每次失败都伴随着孤立主义势力的猛烈反攻。1938 年的卢德诺议案(The Ludlow Amendment)堪称最为惊险的时刻，旨在将对外宣战权交由公众投票的该法案最后仅以 209 票对 188 票的微弱差距被驳回，足以证明美国孤立主义的强大。在这种情况下，1934 年通过的 RTA 法案增强了政府在对外经济事务上的权力，政府内的国际主义者普遍认为美国要构建的世界和平应从经济而非政治上入手。他们认为，美国民众更倾向支持经济领域上的国际合作。与其他国家签订 RTA 比修改中立法案更容易，也能更有效地调动民众的支持，以积极反对德国对外发动侵略。①

整个 30 年代，以国务院为主导的美国政府部门以 RTA 为基础进行的经济外交的基调主要是理想主义的。赫尔等人相信全球自由贸易能实现经济繁荣与世界和平，同时又符合美国的根本利益。他相信通过消除贸易歧视和不平等待遇为基础实现世界范围内的门户开放来构建持久的和平，"重建合理的国际关系以实现全面而健康的经济富裕。"②尽管实施贸易自由化的过程中可能会使美国的利益受到损害，例如法西斯国家可以利用自由贸易重整军备等，但赫尔相信从根本上来说美国终将受益，"对美国有利的东西对世界也有利"。为了这个目标，美国政府可以和被其外交官称为"无法无天的政党政府，不但敌视所有德国或他国的企业，还敌视外国人在德国的工厂及设施"③的纳粹德国展开 RTA 对话；也可以暂时放弃打破帝国特惠制的意图，而只是与英国签订一份目标在于维持世界和平的协定。1938 年 1 月，赫尔的主要助理哈里·霍金斯(Harry Hawkins)的一番讲话更像是为美国这一时期经济外交政策中的理想主义所做的总结：

① Richard Gardner，*Sterling-dollar diplomacy*，p.8.
② Patrick Hearden，*Roosevelt Confronts Hitler*，p.46.
③ "The Consul General at Berlin (Messerschmith) to the Secretary of State"，April 11，1933，FRUS，1933，Vol.Ⅱ，p.421.

与德国签署贸易协定能对实现世界和平做出贡献,也能获得大部分美国人民的支持。(尽管)人们常常争议签订这样一份协定会助长德国的侵略性以及帮助其重整军备,并最终导致战争。如果真是这样的话,RTA 的基本原则就是错误的。难道我们没有一点理由期待德美贸易协定会对构建和平做出贡献么? 这样的协定将帮助德国获取原材料;还会发展它的出口工业;并会对德国人民表明民主国家并不反对德国的繁荣;它还会从根本上消除四年计划使德国自给自足的缘由。①

然而同时,RTA 在操作中又体现了很强的现实主义因素。从根本来说,任何国家的外交政策都是为其国家利益服务的。而对尚未完全从大萧条噩梦中恢复的美国来说,完全不考虑国内经济问题是不可能的。尽管受到大萧条的打击,但美国在世界上仍具有首屈一指的经济实力和影响。正如赫尔在其回忆录中写道,"我们已经成熟,与此同时还是一个充满资源与活力的年轻国家……美国什么也不惧怕,前途是确定无疑的。我们巨大的资源与机制确保着我们的命运,我们的机会永存。"②这种相对的经济优势和自由贸易的口号底下隐藏着国内经济民族主义者对扩大出口的强烈要求。RTA 虽以推行"平等待遇"自称,但从互惠贸易协定这个名字本身就可以看出美国式自由贸易实际上是一种投桃报李的游戏,即这种双边互惠的制度体系不会主动降低关税,必须要在对方做出让步的基础上谈判才能进行下去。由于"平等"一词并不能用具体的量来衡量,因此在实际操作过程中,这种要求很容易扩大化,变为漫天要价。美国的这种政策,无疑让人怀疑其自由贸易的诚意。因此有英国学者称其为"平等待遇式(或自由贸易式)的帝国主义",目的是为了在世界范围内开放门户和为美国商品和资本找到出路。③

美国经济外交政策的这种矛盾性又衬托和反映了其主要操作者国务卿赫尔性格中的矛盾性和缺陷。一方面,赫尔是坚定的国际主义者,没有他就

① Richard Gardner, *Sterling-dollar diplomacy*, p.10.
② Cordell Hull, *The Memoirs of Cordell Hull*, pp.1729–1742.
③ Warren Kimball, "*Lend-Lease and the Open Door: The Temptation of British Opulence, 1937–1942*", p.236.

没有 RTA 法案。而另一方面,在实际的政策执行中,无论是对德还是对英的 RTA 对话或谈判,赫尔的表现和运作都显得无比僵硬、笨拙、反应迟缓以及面对僵局时的无能为力。这很大程度上使得谈判如此漫长,以致达成协定时双方都显得疲惫不堪,都指责对方太过自私。在英美两国即将达成协定时,双方都表示这是其经历过的最艰难的谈判。正如一位专门研究这段历史的学者所说,"当问题更实际而非纸上谈兵时,赫尔就决心不足了。他不是个坚定且有耐心的人,那样的人一旦认为有了医治世界的妙方,就会坚定不移地去力争胜利。"①

然而尽管如此,也不该抹杀赫尔对美国外交做出的贡献。1934 年颁布的 RTA 法案对美国外交尤其是"二战"结束后的国际制度构建的影响是巨大的。正是在 RTA 法案保留国内干预的情况下,美国政府才获准参与世界范围内的经济贸易条约的商谈和签署,才逐步摆脱了孤立主义。RTA 法案的基本原则,如"无条件最惠国待遇原则"、"平等待遇原则"成了关贸总协定的基本原则。RTA 双边谈判,多边受益的谈判方式直到今天仍然是国际贸易谈判的基本方式。互惠(Reciprocity)原则尽管掩盖了发达国家的霸权实质,但不能否认的是其也在一定程度上为国际社会中的弱者平等地参与对话起到了积极作用。因此,赫尔等人因其重建多边主义世界贸易体系而得到了"战后世界规划者"(Post-war Planners)的尊称。

最后,对美国政治精英来说,30 年代所进行的一系列 RTA 谈判,尤其是与德国的贸易对话及摩擦启发了他们全新的国家安全意识,即自由资本主义政治经济制度不能在一个国家内存活。他们认为,一旦其他国家政府对贸易实行管控,并建立起易货贸易制度和自给自足的贸易政策,那么为了与其竞争,美国也必须实施中央强化管理的制度,而这是与美国的自由主义和私人企业传统所不相容的。正如萨伊尔所说,政府管控及歧视性的贸易制度与基于无条件最惠国待遇原则的贸易制度是不相容的,"世界太小而不能同时容纳两者,因此最后必定是一方战胜另一方。"因此,为了维护国内的自由主义经济政治制度,美国必须向全世界输出其本国的体系。这层考虑深刻地影响了美国对战后国际制度的制定。

---

① Richard Kottman, *Reciprocity and the North Atlantic Triangle*, 1932 – 1939, p.279.

附　　录

1934—1944 年间与美国签订互惠贸易协定的国家①

国　家	签　订　时　间	生　效　时　间
古　巴	1934 年 8 月 24 日	1934 年 9 月 3 日
巴　西	1935 年 2 月 2 日	1936 年 1 月 1 日
比利时和卢森堡	1935 年 2 月 27 日	1935 年 5 月 1 日
海　地	1935 年 3 月 28 日	1935 年 6 月 3 日
瑞　典	1935 年 5 月 25 日	1935 年 8 月 5 日
哥伦比亚	1935 年 9 月 13 日	1936 年 5 月 20 日
加拿大	1935 年 11 月 15 日	1936 年 1 月 1 日
洪都拉斯	1935 年 12 月 18 日	1936 年 3 月 2 日
荷　兰	1935 年 12 月 20 日	1936 年 2 月 1 日
瑞　士	1936 年 1 月 9 日	1936 年 2 月 15 日
尼加拉瓜	1936 年 3 月 11 日	1936 年 10 月 1 日
危地马拉	1936 年 4 月 24 日	1936 年 6 月 15 日
法　国	1936 年 5 月 6 日	1936 年 6 月 15 日
芬　兰	1936 年 5 月 18 日	1936 年 11 月 2 日
哥斯达黎加	1936 年 11 月 28 日	1937 年 8 月 2 日
萨尔瓦多	1937 年 2 月 19 日	1937 年 5 月 31 日

① Douglas Irwin, *Clashing over Commerce: A History of US Trade Policy*，p.440.

国　家	签　订　时　间	生　效　时　间
捷克斯洛伐克	1938 年 3 月 7 日	1938 年 4 月 16 日
厄瓜多尔	1938 年 4 月 6 日	1938 年 11 月 23 日
英　国	1938 年 11 月 17 日	1939 年 1 月 1 日
土耳其	1939 年 4 月 1 日	1939 年 5 月 5 日
委内瑞拉	1939 年 11 月 6 日	1939 年 12 月 16 日
阿根廷	1941 年 10 月 14 日	1941 年 11 月 15 日
秘　鲁	1942 年 5 月 7 日	1942 年 7 月 29 日
乌拉圭	1942 年 7 月 21 日	1943 年 1 月 1 日
墨西哥	1942 年 12 月 23 日	1943 年 1 月 30 日
伊　朗	1943 年 4 月 8 日	1944 年 6 月 28 日
冰　岛	1943 年 8 月 27 日	1943 年 11 月 19 日

参 考 文 献

外交档案、文件、日记、回忆录：

U. S. Department of State, Foreign Relations of The United States (FRUS),
Washington, U.S. Government Printing Office

1933,Vol. I	1933,Vol. II
1934,Vol. II	1935.Vol. I
1935.Vol. II	1936,Vol. I
1936.Vol. II	1937,Vol. I
1937,Vol.. II	1938,Vol. II

Documents on German Foreign Policy,1918 – 1945

Ser.C,Vol.6   London: H.M. Stationery Office,1983

William Dodd, *Ambassador Dodd's Diary*, New York: V. Gollancz,1941.

Harold Ickes, *The Secret Diary of Harold Ickes,Vol.3: The Lowering Clouds, 1939 – 1941*, New York: Simon and Schuster,1953.

John Blum, ed., *From the Morgenthau Diaries, Years of Crisis, 1928 – 1938*, Boston: Houghton Mifflin,1959.

Cordell Hull, *The Memoirs of Cordell Hull*,New York: Macmillan,1948.

George Peek, *Why Quit Our Own?* New York: Van Nostrand, 1936.

Francis Sayre, *The Way Forward: The American Trade Agreements Program*, New York: Macmillan, 1939.

Sumner Welles, *The Time for Decision*, New York: Harper&Brothers Publishing, 1944.

Edgar Nixon, ed., *Franklin Roosevelt and Foreign Affairs, 1933 – 1937*,Vol. I – III, Massachusetts: Belknap Press of Harvard University Press,1969.

117

专著:

Michael Butler, *Cautious visionary: Cordell Hull and trade reform*, *1933 - 1937*, Ohio: Kent State University Press, 1988.

William Carr, *Arms*, *Autarky and Aggression: A Study in German Foreign Policy*, London: Edward Arnold, 1972.

Patricia Clavin, *The Failure of Economic Diplomacy: Britain*, *Germany and the United States*, *1931 - 1936*, London: Palgrave Macmillan, 1996.

Robert Divine, *The Reluctant Belligerent: American Entry into World War* Ⅱ, New York: John Wiley& Sons, 1965.

Michael Ebi, *Export um jeden Preis*, *Die Deutsche Exportförderung von 1932 - 1938*, Stuttgart: Franz Steiner Verlag, 2004.

Herbert Feis, *The Diplomacy of the Dollar: First Era 1919 - 1932*, Connecticut: Archeon Books, 1965.

Lloyd Gardner, *Economic Aspects of New Deal Diplomacy*, Madison: University of Wisconsin Press, 1964.

Richard Gardner, *Sterling-dollar diplomacy: the origins and prospects of our international economic order*, New York: Columbia University Press, 1980.

Robert Gilpin, *War and change in world politics*, New York: Cambridge University Press, 1981.

Patrick Hearden, *Roosevelt Confronts Hitler: America's Entry into World War* Ⅱ, DeKalb: Northern Illinois University Press, 1987.

Patrick Hearden, *Architects of Globalism*, *Building New World Order During World War* Ⅱ, The Fayetteville: University of Arkansas Press, 2002.

Douglas Irwin, *Clashing over Commerce: A History of US Trade Policy*, Chicago: The University of Chicago Press, 2017.

Edward Kaplan, *American Trade Policy 1923 - 1995*, Connecticut: Praeger, 1996.

David Kaiser, *Economic Diplomacy and the Origins of the Second World War*, Princeton: Princeton University Press, 1980.

Charles Kingdleberger, *The World in Depression*, *1929 - 1939*, Berkely: University of California Press, 1973.

Stephen Krasner, ed., *International Regimes*, Ithaca: Cornell University Press,

1983.

Richard Kottman, *Reciprocity and the North Atlantic Triangle, 1932 - 1939*, Ithaca: Cornell University Press, 1968.

William Langer&Everett Gleason, *The Challenge to Isolation, 1937 - 1940*, New York: Harper& Brothers, 1952.

David Lake, *Power, Protection, and Free Trade*, Ithaca: Cornell University Press, 1988.

David Lake & Jerry Frieden, *International Political Economy: Perspectives on Global Power and Wealth*, London: St. Martin's Press, 2003.

William Leuchtenburg, *Herbert Hoover*, New York: Times Books, 2009.

Frederick Marks Ⅲ, *Wind over Sand, The Diplomacy of Franklin Roosevelt*, Athens: University of Georgia Press, 1988.

George Modelski, *Long Cycles in World Politics*, London: Macmillan Press, 1987.

Arnold Offner, *The Origin of the Second World War: American Foreign Policy and World Politics, 1917 - 1941*, New York: Praeger, 1975.

Richard Overy, *The Nazi Economic Recovery 1932 - 1938*, Cambridge: Cambridge University Press, 1996.

Ronald Powaski, *Toward an Entangling Alliance: American Isolationism, Internationalism, and Europe, 1901 - 1950*, Westport: Greenwood Press, 1991.

Carolyn Rhodes, *Reciprocity, U.S. Trade Policy, and the GATT Regime*, Ithaca: Cornell University Press, 1993.

William Rock, *Chamberlain and Roosevelt: British Foreign Policy and the United States, 1937 - 1940*, Columbus: Ohio State University Press, 1988.

John Ruggie, *Winning the Peace, America and World Order in the New Era*, New York: Columbia University Press, 1996.

Arthur Schlesinger, *The Coming of the New Deal*, Boston: Houghton Mifflin, 1959.

Arthur Schlesinger, *The Cycles of American Diplomacy*, Boston: Franklin Library, 1986.

Henry Tasca, *The Reciprocal Trade Policy of the United States: A Study in Trade Philosophy*, Philadelphia: University of Philadelphia Press, 1938.

William Williams，*The Tragedy of American Diplomacy*，New York：Dell Pub. Co.，1972.

Eugene Wittkopf，*American Foreign Policy: Pattern and Process*. Cambridge：Harvard University Press，2004.

〔美〕保罗·肯尼迪著，陈景彪等译：《大国的兴衰》，国际文化出版公司 2005 年版。

〔美〕福克纳著，王锟译：《美国经济史》下卷，商务印书馆 1989 年版。

〔美〕约翰·韦茨著，张禹九译：《希特勒的银行家》，光明日报出版社 2000 年版。

〔美〕罗恩·彻诺著，金立群译：《摩根财团》，中国财政经济出版社 2003 年版。

〔美〕阿诺德·奥夫纳著，陈恩民等译：《美国绥靖：美国外交政策与德国，1933—1938》商务印书馆 1987 年版。

〔美〕罗伯特·达莱克著，伊伟等译：《罗斯福与美国对外政策，1932—1945》上册，商务印书馆 1984 年版。

〔美〕格哈德·温伯格著，何江等译：《希特勒德国的对外政策》上册，商务印书馆 1992 年版。

〔美〕威廉·洛克仑堡著，刘绪贻等译：《罗斯福与新政》，商务印书馆 1993 年版。

〔美〕戴斯勒著，王恩冕等译：《美国贸易政治》，中国市场出版社 2006 年版。

〔美〕约翰·鲁杰主编，苏长和等译：《多边主义》，浙江人民出版社 2003 年版。

〔美〕罗伯特·基欧汉著，苏长和等译：《霸权之后：世界政治经济中的合作与纷争》，上海人民出版社 2006 年版。

〔美〕麦克唐纳著，何抗生等译：《美国、英国与绥靖》，中国对外翻译出版公司 1987 年版。

刘绪贻、李存训著：《富兰克林·罗斯福时代 1929—1945》，人民出版社 2002 年版。

杨生茂主编，《美国外交政策史，1775—1989》，人民出版社 1991 年版。

王玮、戴超武著：《美国外交思想史》，人民出版社 2007 年版。

张镇江著：《从英镑到美元：国际经济霸权的转移，1933—1945》，人民出版社 2006 年版。

王在帮著：《霸权稳定论批判——布雷顿森林体系的历史考察》，时事出版社 1994 年版。

宋则行、樊抗主编：《世界经济史》中卷，经济科学出版社 1994 年版。

孙哲、李巍合著：《国会政治与美国对华经贸决策》，上海人民出版社 2008 年版。

舒建中著：《多边贸易体系与美国霸权》，南京大学出版社 2009 年版。

论文：

William Allen, "The International Trade Philosophy of Hull, 1907 – 1933", *The American Economic Review*, Vol.43, No.1, Mar.1953, pp.101 – 116.

Michael Bailey, Judith Goldstein and Barry Weingast, "The Institutional Roots of American Trade Policy: Politics, Coalitions, and the International Trade", *World Politics*, Vol. 49, No.3, 1997.

Percy Bidwell, "Latin America, Germany and the Hull Program", *Foreign Affairs*, Vol.17, No.2, Jan.1939, pp.374 – 390.

Jeffry Frieden, "Sectoral Conflict and Foreign Economic Policy, 1914 – 1940", *International Organization*, Vol.42, No.1, Winter 1988, pp.59 – 90.

Judith Goldstein, "Ideas, Institutions and American Trade Policy", *International Organization*, Vol.42, No.1, Winter 1988, pp.179 – 217.

Stephan Haggard, "The Institutional Foudations of Hegemony: Explaining the Reciprocal Trade Agreements Act of 1934", *International Organization*, Vol.42, No.1, Winter 1988, pp.91 – 119.

John Hicks, " Reviewed Works: George .N. Peek and the Fight for Farm Parity by Gilbert Fite", *The Mississippi Valley Historical Review*, Vol. 41, No. 2. (Sept. 1954), pp.359 – 360.

John Ikenberry, "Rethinking the Origins of American Hegemony", *Political Science Quarterly*, Vol.104, No.3, Autumn, 1989, pp.375 – 400.

Warren Kimball, "Lend-Lease and the Open Door: The Temptation of British Opulence, 1937 – 1942", *Political Science Quarterly*, Vol.86, No.2, Jun.1971, pp.232 – 259.

David Lake, "Export, Die, or Subsidize : The International Political Economy of American Agriculture, 1875 – 1940", *Comparative Studies in Society and History*, Vol.31, No.1, Jan.1989, pp.81 – 105.

David Lake, "The State and American Trade Policy in Pre-hegemonic era", *International Organization*, Vol.42, No.1, Winter 1988, pp.33 – 58.

Callum A. Macdonald, "Economic Appeasement and the German Moderates 1937 – 1939", *Past & Present*, No.56, Aug.1982, pp.105 – 135.

James Moore, " Sources of New Deal Economic Policy: The International

Dimension", *The Journal of American History*, Vol.61, No.3 (Dec., 1974), pp.728 - 744.

Arnold Offner, "Appeasement Revisited: The United States, Great Britain, and Germany, 1933 - 1940", *The Journal of American History*, Vol.64, No.2, Sep.1977, pp.373 - 393.

Julius Pratt, "The Ordeal of Cordell Hull", *The Review of Politics*, Vol.28, No.1, Jan.1966, pp.76 - 98.

Francis Sayre, "The Question of Self-Sufficiency", *Annals of American Academy of Political and Social Science*, Vol.186, Jul.1936, pp.129 - 134.

Schatz, Arthur, "The Anglo-American Trade Agreement and Cordell Hull's Search for Peace 1936 - 1938", *The Journal of American History*, Vol.57, No.1, Jun.1970, pp.85 - 103.

Arthur Schatz, "The Reciprocal Trade Agreements Program and the 'Farm Vote', 1934 - 1940", *Agricultural History*, 46 (October 1972), pp. 498 - 514.

Karen Schnietz, "The Reaction of Private Interests to the 1934 Reciprocal Trade Agreement Act", *International Organization*, pp.213 - 223.

Amos Simpson, "The Struggle for Control of the German Economy, 1936 - 1937", *The Journal of Modern History*, Vol.31, No.1, Mar.1959, pp.37 - 45.

金卫星:《1929—1933 年大萧条与伦敦世界经济会议》,《史学集刊》,2003 年第 4 期。

金卫星:《美国对德绥靖的"韦尔斯计划"》,《历史研究》,1995 年第 4 期。

金卫星:《"二战"期间美国筹建战后世界多边自由贸易体系的历程》,《史学月刊》,2003 年第 12 期。

周军:《略论 1938 年美英互惠贸易协定》,《安徽师范大学学报》(人文社会科学版),2003 年第 6 期。

周建明:《民国时期的中德贸易》,《中国经济史研究》,2007 年第 1 期。

徐蓝:《对"罗斯福——韦尔斯和平计划"的历史考察》,《世界历史》,2001 年第 4 期。

王在帮:《布雷顿森林体系的兴衰》,《历史研究》,1994 年第 4 期。

盛斌:《世界经济转变中的美国对外贸易政策》,《美国研究》,1998 年第 3 期。

徐泉:《美国外贸政策决策机制的变革——美国 1934 年互惠贸易协定法述评》,《法学家》,2008 年第 1 期。

陈利强：《试论 GATT/WTO 协定之私人执行——一个美国法的视角》，《现代法学》，2008 年第 4 期。

邓峰：《论美国关税法的演变》，《东北亚论坛》，2005 年第 1 期。

韦江：《美国关税政策回顾》，《国际贸易问题》，1999 年第 1 期。

戴军：《自由贸易理论对美国外贸政策的影响及简评》，《求索》，2001 年第 3 期。

金灿荣：《国会与美国贸易政策的制定——历史与现实的考察》，《美国研究》，2000 年第 2 期。

陈兼、倪培华：《1938 年罗斯福的"和平倡议"与英国内阁危机》，《世界历史》，1985 年第 7 期。

曲博：《国际经济合作的国内制度分析》，《世界经济与政治》，2007 年第 1 期。

曲博：《国际力量、国内政治与对外经济政策选择》，《教学与研究》，2007 年第 1 期。

王正毅：《超越"吉尔平式"的国际政治经济学——1990 年代以来 IPE 及其在中国的发展》，《国际政治研究》，2006 年第 2 期。

钟飞腾：《霸权稳定论与国际政治经济学研究》，《世界经济与政治》，2010 年第 4 期。

学位论文：

程文进：《罗斯福与纳粹德国——1933—1940 年的美国对德政策》，首都师范大学博士学位论文，2001 年。

杜鹃：《论美国自由贸易霸权机制在国内的建立》，山东大学硕士学位论文，2008 年。

张美丽：《缔造和平与争夺霸权的"试验"——评 1937—1938 美国对德的"罗斯福—韦尔斯计划"》，首都师范大学硕士学位论文，2001 年。

徐轶杰：《赫尔与 1934 年互惠贸易法案》，首都师范大学硕士学位论文，2006 年。

林丹：《论最惠国待遇原则与互惠原则的互补性》，厦门大学硕士学位论文，2009 年。

后　记

　　本书的初稿开始写作时,美国刚进入奥巴马总统时代。奥巴马当选后,如何应对全球金融危机成了当时学术界感兴趣的一个问题。而这样的兴趣促成了我对 20 世纪 30 年代的罗斯福新政如何使美国走出经济危机和大萧条的关注,并最终写成了这本小书。近十年过去了,当我重新审视当前的国际舆论和学术出版界焦点时发现,本书探讨的一些重要问题竟不仅没有过时,反而成为时下全球国际关系学界和历史学界关注的重点领域。例如,美国构造的自由主义世界体系性质和特点到底是什么? 互惠贸易制度与无条件最惠国贸易原则产生的关联以及贸易对抗背后的制度之争等,连同美国构建自由主义世界体系过程中的主要领导人的领导方式一起,已成为全世界舆论关注的焦点。希望这本书能够加深我们对这些问题的认识和思考。

　　与许多国际关系史的研究一样,本书的写作经历了一个漫长的思想和身体的旅行。由于我现在研究兴趣和主题与八年前完成本书初稿时已有很大不同,本书原本并没计划整理出版。但一系列先前难以预料的事情发生,使得本书的出版成了现实。同时,本书作为一本国际关系史的研究著作意味着,书稿的写作和修改过程是在两个以上的国家完成的,其中包含了近年来我在世界各国研修过程中所产生的新思考。

　　本书一个难以弥补的遗憾是,由于书稿篇幅和修改时间所限,我没有在此次修改中加入大量的美国国家档案馆和罗斯福总统档案馆的档案材料。在原稿所依据的美国外交文件(FRUS)的基础上,我加入了在美国访学期间新发现和阅读的当事人回忆录、研究著作和论文,以此对原稿及结论进行了学术上的提升和修改。为此,我要感谢提供这些新材料的美国华盛顿威尔逊国际学者中心及其图书管理员 Janet Spikes。

　　此外,我要感谢本人的硕士导师邢来顺教授和博士导师戴超武教授。他们在我的学术发展各个阶段为我指导、护航,使我没有在自己广泛却大都称不上专业的学术兴趣中迷失,并找到了自己的志业。张振江教授曾在多年前为本书的写作思路和材料提供了指导,华东师范大学冷战国际史研究中心主任沈志华教授对我的研究思路有着极大的启发,我在此也表示感谢。

　　我所在的同济大学德国问题研究所给年轻学者提供了大量研究时间和经费支持,这一点是国内各大高校和研究机构所少有的。同济大学提供的科研项目资助直接促成了本书的出版。德研所及所长郑春荣教授平日里对我的研究和生活关怀备至,并为我提供了国内较为优越的工作环境。我只有以更好的研究成果来报答。

　　最后,我要感谢我的家人。父母多年来一直支持我的学术兴趣及研究。内子君来温柔贤惠、善解人意。本书在进行修改时,工作繁忙的她通读了全文,不仅指出了语句和文字上的错误,还找到了很多逻辑上的漏洞。这本书我要献给她。

　　本书仍然存在诸多不足之处,恳请各位不吝赐教。

陈　弢

美国马里兰州银泉

2018 年 8 月 31 日